Bibliografische Information der Deutschen Nationalbibliothek:

Die Deutsche Nationalbibliothek verzeichnet diese Publikation in der Deutschen Nationalbibliografie; detaillierte bibliografische Daten sind im Internet über http://dnb.d-nb.de abrufbar.

Impressum:

Copyright © 2015 Studylab

Ein Imprint der GRIN Verlag, Open Publishing GmbH

Druck und Bindung: Books on Demand GmbH, Norderstedt, Germany

Coverbild: ei8htz

Lisa Hausladen

Die Steuervermeidungsstrategien multinationaler Unternehmen am Beispiel von Starbucks

2013

Inhaltsverzeichnis

Inhaltsverzeichnis 4

Abkürzungsverzeichnis 6

Symbolverzeichnis 11

1. Einleitung 13

2. Initiativen zur Bekämpfung der BEPS-Problematik 15

3. Interne Konzernstruktur und Konzernsteuerquote von Starbucks 17

4. Die Holdinggesellschaft im Kontext der Konzernorganisation 21

    4.1 Gestaltungsziele 21

    4.2 Anwendung von Repatriierungsstrategien 22

        4.2.1 Umleitung von Einkünften 22

        4.2.2 Umformung von Einkünften 24

        4.2.3 Temporäre Abschirmung von Einkünften 24

    4.3 Verwendung von Allokationsstrategien 27

5. Internationale Steuerminimierungsstrategien im Konzern Starbucks ... 28

    5.1 Überhöhte Lizenzgebührzahlungen für Immaterialgüterrechte 28

        5.1.1 Übertragung von immateriellen Wirtschaftsgütern 29

        5.1.2 Der Lizenzgebührenfluss innerhalb der Konzerneinheiten 30

    5.2 Einkünfte aus Investitionstätigkeit unter Subpart F 33

    5.3 Steueroptimierte Konzernfinanzierung über Darlehensvergabe 35

    5.4 Verrechnungspreisgestaltung bei konzerninternen Transaktionen .. 37

    5.5 Steueroptimierung über Konzerntochterunternehmung in der Schweiz 40

        5.5.1 Einkünfte aus Handelstätigkeit unter Subpart F 40

        5.2.2 Umgehung der Hinzurechnungsbesteuerung 41

6. Steuerliche Situation der Starbucks Coffee Deutschland GmbH 43

    6.1 Ertragsgenerierung und Steuerminimierungsstrategien 43

    6.2 Verlustvorträge in Verbindung mit internationaler Gewinnverlagerung 46

7. Ausblick 49

Anhang **51**

   A. Nebenrechnungen 51

   B. Abbildungen 54

Literaturverzeichnis **61**

Rechtsquellenverzeichnis **70**

   Gesetze, Verordnungen und Richtlinien 70

   Urteile 71

Abkürzungsverzeichnis

Abb.	Abbildung
ABl.	Amtsblatt
Abs.	Absatz
AFE	Active Finance Exception
amtl.	amtlich
APA	Advance Pricing Agreement
Art.	Artikel (im Gesetz)
AStG	Außensteuergesetz
BB	Betriebs-Berater (Zeitschrift)
BEPS	Base Erosion and Profit Shifting
BFH	Bundesfinanzhof
BFuP	Betriebswirtschaftliche Forschung und Praxis (Zeitschrift)
BGBl.	Bundesgesetzblatt
BMF	Bundesministerium der Finanzen
BMG	Bemessungsgrundlage
BR-Drs.	Bundesrat-Drucksache
bspw.	beispielsweise
BStBl	Bundessteuerblatt
BV	Besloten Vennootschap (Bezeichnung für eine GmbH in den Niederlanden)
bzw.	beziehungsweise
CCCTB	Common Consolidated Corporate Tax Base
CFC	Controlled Foreign Corporation
CFO	Chief Financial Officer
Corp.	Corporation
CV	Commanditaire Vennootschap (Bezeichnung für eine KG in den Niederlanden)

DB	Der Betrieb (Zeitschrift)
DBA	Doppelbesteuerungsabkommen
d.h.	das heißt
DStR	Deutsches Steuerrecht (Zeitschrift)
dt.	deutsch
EBT	Earnings Before Tax
EGV	Vertrag zur Gründung der Europäischen Gemeinschaft
EK	Eigenkapital
EMEA	Europe, Middle East and Africa
ESt	Einkommensteuer
EStG	Einkommensteuergesetz
et al.	et alii
EU	Europäische Union
EuGH	Europäischer Gerichtshof
EuGHE	Entscheidungssammlung des EuGH
EURIBOR	Euro InterBank Offered Rate
Ev	Evidence (Seitenangabe)
EWG	Europäische Wirtschaftsgemeinschaft
FBCSI	Foreign Base Company Sales Income
FDI	Foreign Direct Investment
F&E	Forschung und Entwicklung
FK	Fremdkapital
FPHCI	Foreign Personal Holding Company Income
FR	Finanz-Rundschau (Zeitschrift)
FT	Financial Times
FVerlV	Funktionsverlagerungsverordnung
gem.	gemäß
GewSt	Gewerbesteuer
GewStG	Gewerbesteuergesetz

ggü.	gegenüber
GJ	Geschäftsjahr(e)
GKKB	Gemeinsame Konsolidierte Körperschaftsteuer-Bemessungsgrundlage
GmbH	Gesellschaft mit beschränkter Haftung
grds.	grundsätzlich
HB	Handelsblatt (Zeitschrift)
HGB	Handelsgesetzbuch
HoldingG	Holdinggesellschaft(en)
Hrsg.	Herausgeber
i.d.R.	in der Regel
i.H.v.	in Höhe von
imm. WG	immaterielle Wirtschaftsgüter
Inc.	Incorporated
insb.	insbesondere
insg.	insgesamt
int.	international
IP	Intellectual Property
IRC	Internal Revenue Code
IRS	Internal Revenue Service
i.S.d.	im Sinne des/der
IStR	Internationales Steuerrecht (Zeitschrift)
i.V.m.	in Verbindung mit
IW	Institut der Deutschen Wirtschaft
IWB	Internationale Wirtschaftsbriefe (Zeitschrift)
KapG	Kapitalgesellschaft(en)
KG	Kommanditgesellschaft
KSt	Körperschaftsteuer
KStG	Körperschaftsteuergesetz

lfd.	laufend
LIBOR	London InterBank Offered Rate
LP	Limited Partnership
Ltd.	Limited
Mfg.	Manufacturing
mind.	mindestens
Mio.	Million(en)
MNU	Multinationale(s) Unternehmen
Mrd.	Milliarde(n)
MTRl	Mutter-Tochter-Richtlinie
MutterG	Muttergesellschaft(en)
nl.	niederländisch
No.	Number
Nr.	Nummer(n)
OECD	Organisation for Economic Co-operation and Development
OECD-MA	OECD-Musterabkommen
o.O.	ohne Ort
PersG	Personengesellschaft(en)
PIStB	Praxis Internationale Steuerberatung (Zeitschrift)
PwC	PricewaterhouseCoopers
QSt	Quellensteuer(n)
RL	Richtlinie
Rn.	Randnummer(n)
S.	Seite
SEC	Securities and Exchange Commission
Sec.	Section
sog.	sogenannte
sonst.	sonstige
StuW	Steuer und Wirtschaft (Zeitschrift)

Treas. Reg. Sec.	Treasury Regulations Section
TochterG	Tochtergesellschaft(en)
u.a.	unter anderem
u. a.	und andere
UK	United Kingdom
US(A)	United States (of America)
US-GAAP	United States Generally Accepted Accounting Principles
v.	von
v.a.	vor allem
vgl.	vergleiche
VV	Verlustvortrag/ Verlustvorträge
Wet Vpb	Wet op de Vennootschapsbelasting
WP	Working Paper
WPg	Die Wirtschaftsprüfung (Zeitschrift)
WSJ	Wall Street Journal (Zeitschrift)
z.B.	zum Beispiel
ZEW	Zentrum für Europäische Wirtschaftsforschung
ZLRl	Zins- und Lizenzgebühren-Richtlinie
zusätzl.	zusätzlich
zvE	zu versteuerndes Einkommen
zw.	zwischen

Symbolverzeichnis

+	Additionszeichen
€	Euro
=	Gleichheitssymbol
>	größer
<	kleiner
*	Multiplikationszeichen
/	oder
§	Paragraph
§§	Paragraphen
£	Pfund
%	Prozent
./.	Subtraktionszeichen
Σ	Summenzeichen
≈	ungefähr gleich/gerundet
$	US-Dollar

1. Einleitung

Die rasante Entwicklung unserer Weltwirtschaft lässt nationale Volkswirtschaften profitieren und führt zu freien Kapitalverkehr und einer zunehmenden globalen Integration der Wirtschaftssysteme. Die Globalisierung nimmt wesentlichen Einfluss auf Körperschaftsteuersysteme der Länder und führt zu einer Transformation länderspezifischer Geschäftsmodellstrukturen hin zu globalen Modellen, bei denen häufig steuerpflichtige Einkünfte künstlich von ihren wirtschaftlichen Tätigkeiten abgetrennt werden, durch die sie erzielt werden.[1] Aus der Interaktion unterschiedlicher Steuerjurisdiktionen resultieren Gestaltungsmöglichkeiten, die von multinationalen Unternehmen gezielt zur Herbeiführung legaler Minderbelastungen genutzt werden. Die Besteuerung multinationaler Unternehmen steht derzeit im Fokus des öffentlichen Interesses. Nicht zuletzt hat auch der internationale Konzern Starbucks eine immense steuerpolitische Diskussion über aggressive Steuergestaltungsmaßnahmen ausgelöst.

Dem erfolgreich am Markt positionierten Unternehmen gelingt es, gestaltungsanfällige Steuernormen sowie Lücken im Steuersystem so auszunutzen, dass ein Missverhältnis zwischen vermuteten „realen" Unternehmensgewinnen und Steuerzahlungen entsteht.[2] Steuerinduzierte, grenzüberschreitende Gewinnverlagerungen durch den Transfer von imm. WG in spezielle HoldingG im Ausland sind in der Praxis sehr populär und führen zu einer Erosion der Steuerbasis, derer die Gesetzgeber im Kampf um mobiles Steuersubstrat entgegenzuwirken versuchen.[3]

Im folgenden Kapitel dieser Arbeit wird erläutert, mit welchem Instrumentarium zur Bekämpfung der Steuergestaltung für ein höheres Maß an internationaler Steuergerechtigkeit gesorgt werden soll. Die internationale Konzernstruktur von Starbucks ist Gegenstand der Betrachtung im Kapitel 3. Nachfolgend wird im Zusammenhang mit Holding-Konzepten die Anwendung von Repatriierungs- und Allokationsstrategien zur Minimisierung der Steuerbelastung des Einkommenstransfers im Konzernverbund demonstriert. Im anschließenden Kapitel 5 werden die drei verlusterzeugenden unternehmensspezifischen Steuerminimierungsmechanismen, die hauptsächlich Zins- und Lizenzgebührzahlungen sowie die Verrechnungspreisgestaltung betreffen, erläutert. Darüber hinaus wird die

---

[1] Vgl. OECD (2013a), S. 7, 13, 19.

[2] Vgl. FUEST (2013), S. 138.

[3] Vgl. VON EINEM (2011), S. 1, 3.

Einkünfteerzielung unter dem System der US-Hinzurechnungsbesteuerung betrachtet und speziell die Verlustsituation der deutschen TochterG analysiert. Vor dem Hintergrund der Verteilungsgerechtigkeit des Steueraufkommens wird in einer kurzen Schlussbetrachtung ein mögliches Lösungskonzept vorgestellt.

2. Initiativen zur Bekämpfung der BEPS-Problematik

Mit dem BEPS-Report und dem Aktionsplan treten supranationale Organisationen wie die OECD und die EU-Kommission den im Zeitablauf veränderten wirtschaftlichen Rahmenbedingungen in Form der zunehmenden grenzüberschreitenden Verlagerung imm. WG präventiv mit ihren Direktiven entgegen.[4] Beim Wechselspiel nationaler Steuer- und Abkommensvorschriften verschiedener Länder sind in der int. Steuerplanung Transparenz, sowie Offenlegungs- und Dokumentationsvorschriften für besseren Informationsfluss essentiell, um BEPS zu verhindern.[5] Aufgrund des umfassenden Konsenses von Seiten der G8, der G20 und der OECD für dieses BEPS-Projekt ist mit einem positiven Ausgang zu rechnen.[6] Unterdessen nimmt – nach Auffassung des IW – Deutschland bei der Bekämpfung der int. Gewinnverlagerung bereits seit einigen Jahren eine Vorreiterrolle unter den Staaten ein und unterstützt die Pläne der OECD.[7]

Gem. des OECD-Berichts gibt es wesentliche Druckstellen im System, die auf int. Ebene koordiniert werden sollen. Zu diesen gehören hybride Gesellschaften und Finanzinstrumente, die Existenz schädlicher Präferenzregime, als auch das Anpassungserfordernis der Quellenbesteuerungsregelungen an die Besonderheiten der Digital Economy. Zu den weiteren identifizierten Problembereichen zählen die steuerliche Behandlung von Fremdfinanzierung durch verbundene Unternehmen und ähnliche konzerninterne Finanztransaktionen, sowie die Prüfung der Wirksamkeit der Hinzurechnungsbesteuerung und sämtlicher Missbrauchsvorschriften, um einen etwaigen DBA-Missbrauch entgegenzutreten. Handlungsbedarf besteht auch im Bereich der Verrechnungspreise, speziell im Hinblick auf die Verlagerung von Risiken und imm. WG.[8]

Auch die G8-Staaten sind des Problems gewahr und forcieren durch kollektives int. Handeln Gegenmaßnahmen zur Gestaltung missbräuchlicher Steuerkonstrukte. Zudem soll eine Konkretisierung und Verbesserung der int. Stan-

---

[4] Vgl. RICHTER/HONTHEIM (2013), S. 1264.
[5] Vgl. OECD (2013a), S. 21-22.
[6] Vgl. BMF (2013b), S. 1-2, 4.
[7] Vgl. DER BETRIEB (2013), S. 15.
[8] Vgl. OECD (2013b), S. 47-48.

dards erfolgen, welche die Staaten wiederum zu ihrer Einhaltung mobilisieren sollen.[9]

Als weitere Organisation nimmt es die EU-Kommission mit den Herausforderungen von Steuerbetrug und Steuerarbitrage auf. In einem 34-Punkte-Aktionsplan soll dieser Problematik Rechnung getragen werden, das Steueraufkommen gesichert und das Funktionieren des Binnenmarktes verbessert werden. Zudem sollen die Missbrauchsbekämpfungsbestimmungen im Hinblick auf Anwendung der ZLRl und der MTRl überprüft werden. Um einer zunehmenden Aushöhlung der Steuer-BMG der Mitgliedstaaten ohne Mindeststandards entgegenzutreten, wird eine Aufnahme nicht regelkonform agierender Länder in eine Schwarze Liste zum Vorschlag gebracht.[10]

Um eine Entschärfung des „Race to the Bottom" der int. KSt-Sätze herbeizuführen, beabsichtigt auch die US-Regierung die Einführung einer Mindeststeuer für ausländische Gewinne, die für US-Großkonzerne mit Auslandsbeteiligungen gilt.[11]

---

[9] Vgl. UK GOVERNMENT (2013), S. 4-5.
[10] Vgl. EUROPÄISCHE KOMMISSION (2012), S. 6, 10.
[11] Vgl. THE WHITE HOUSE (2012), S. 14.

3. Interne Konzernstruktur und Konzernsteuerquote von Starbucks

Die zugrunde liegende kompositionelle Struktur des multinationalen Unternehmens Starbucks dient als Basis für steuerliche Anknüpfungspunkte und ist maßgeblich für die Besteuerung int. Geschäftsvorfälle. Für eine stärkere Internationalisierung der Handelsbeziehungen werden unternehmerische Aktivitäten häufig über Direktinvestitionen um Stützpunkte im Ausland, als „FDI", erweitert.[12] Die Gestaltungsform der Auslandsbeziehung entspricht i.d.R. einem mehrstufigen Aufbau, bestehend aus einer im Inland ansässigen Spitzeneinheit, einer zwischengeschalteten ausländischen Einheit sowie einer Grundeinheit in einem weiteren ausländischen Staatsgebiet.[13] Die interne Struktur der Geschäftsabläufe und Zahlungsmittelströme im Unternehmen Starbucks entspricht einer wenig transparenten und komplexen Konzernstruktur, die sich in einem stark abstrahierten Organigramm, abgebildet im Anhang, darstellen lässt.[14]

An der Konzernspitze steht die oberste US-Mutter-Konzerngesellschaft Starbucks Coffee International Inc.[15], welche mehrere 100 %-Tochterunternehmen und Beteiligungen weltweit besitzt. Die KapG Starbucks UK wird über ein weiteres Hauptquartier Starbucks Coffee Holdings UK Ltd. vom Stammhauskonzern gehalten.[16] Die UK-Einheit ist neben dem Produktmarketing verantwortlich für das Geschäftsbeziehungs-Management mit Drittpersonen als Lizenzinhabern und deren Erwerb vertragsgegenständlicher Lizenzen.[17] Zu der Spitzeneinheit Starbucks Corp. gehören die beiden, über zwei Stufen und in Mehrheitsbesitz stehenden, holländischen PersG Rain City CV und Emerald City CV, welche über keine signifikanten finanziellen Vermögenswerte verfügen. Eine in Mehrheitsbesitz von Emerald City stehende, britische KG ist Alki LP, welche u.a. zentrale Marken- und Eigentumsrechte verwaltet. Der steuerliche Status dieser drei PersG ist unklar.[18] In Mehrheitsbesitz von Alki LP steht als weiteres ver-

---

[12] Vgl. BRÄHLER (2012), S. 217-219.
[13] Vgl. OECD (2012), R(6)-15.
[14] Zum besseren Verständnis siehe Abb. 1 Anhang, S. 37-38.
[15] Wird im Folgenden als Starbucks Corp./ Starbucks Inc. abgekürzt.
[16] Vgl. KLEINBARD (2013), S. 1521-1522.
[17] Vgl. HOUSE OF COMMONS (2012), Ev 53.
[18] Vgl. KLEINBARD (2013), S. 1521.

bundenes Unternehmen die Starbucks Coffee Holdings EMEA BV[19], mit Hauptsitz in Amsterdam. Diese fungiert als Europa-Holding für den Geschäftsverkehr in 33 Ländern, mit TochterG in Deutschland, der Schweiz und den Niederlanden per se. Starbucks Holdings EMEA weist eine Beschäftigtenzahl von ca. 125 Mitarbeitern auf und bündelt zentral die Rechte zur Nutzung des immateriellen Eigentums, auf welche die Tochterunternehmungen, darunter bspw. Starbucks Coffee Deutschland GmbH[20] und Starbucks UK, Lizenzgebührzahlungen i.H.v. 6 % entrichten.[21] Starbucks Manufacturing EMEA BV[22] ist die holländische *100 %-Tochter* der Starbucks Holdings EMEA und regelt als zentraler Röstereibetrieb die Distribution und Kaffeeweiterverarbeitung. Die beiden Letzteren bilden eine Organschaft und zahlen für die Nutzung von Immaterialgüterrechten wiederum Lizenzgebühren an Alki LP. Diesbezüglich existiert keine nähere Information über diese Zahlungsvereinbarung, da in den gesetzlichen Grundlagen Großbritanniens für das Unternehmen Alki LP eine gänzliche Befreiung von der Buchführungs- und Bilanzierungspflicht vorgesehen ist. Ausgehend von der Summe aller Lizenzgebühren in 2012 i.H.v. 50 Mio. €, die vom nl. Konzernverbund an Alki LP abgeführt wurden, ist es ungewiss, ob Alki LP diese Einnahmen aus Lizenzgebühren als Gewinne thesauriert, oder eine Verlagerung der Einkünfte nach oben stattfindet. Starbucks Coffee Trading GmbH23 ist als zentrale Einkaufsgesellschaft für den gesamten Rohkaffee-Handel zuständig und befindet sich ebenfalls zu 100 % im Besitz der herrschenden Gesellschaft Starbucks Holdings EMEA.[24]

Diese komplexe Strukturgestaltung verfolgt auch das Ziel einer minimalen Konzernsteuerquote. Aus der Liste der Fortune Global 500 schirmen nachweislich 280 der umsatzstärksten US-Unternehmen die Hälfte ihre Gewinne vor der Besteuerung im Sitzstaat des Kapitalgebers ab. Ihr durchschnittlicher Effektivsteuersatz im letzten Dreijahreszeitraum lag bei 18,5 %, was ca. 50 % des aktuellen gesetzlichen Steuersatzes i.H.v. 35 % entspricht; 30 Gesellschaften bezahlten Steuern unter null €.[25]

---

[19] Wird im Folgenden als Starbucks Holdings (EMEA) abgekürzt.
[20] Wird im Folgenden als Starbucks Deutschland abgekürzt.
[21] Vgl. HOUSE OF COMMONS (2012), Ev 53.
[22] Im Folgenden mit Starbucks Mfg. abgekürzt.
[23] Im Folgenden als Starbucks Trd. abgekürzt.
[24] Vgl. KLEINBARD (2013), S. 1521-1522.
[25] Vgl. MCINTYRE et al. (2011), S. 1, 3-6.

US-GAAP Jahresabschlüsse des Konzerns Starbucks zeigen einen globalen effektiven Steuersatz von mehr als 32 %, der jedoch in dieser Form nicht der tatsächlich zu zahlenden Steuerquote entspricht. Aufgrund der dauerhaft reinvestierten, nicht besteuerten Gewinne i.H.v. 1,5 Mrd. $, gestaltet sich die Ermittlung des effektiven ausländischen Steuersatzes schwierig.[26, 27] Für zukünftige Steuerbelastungen aus Gewinnausschüttungen werden i.d.R. latente Steuerschulden gebildet. Diese werden im Unternehmen Starbucks nicht gebildet, da die in ausländischen TochterG thesaurierten Gewinne dauerhaft investiert bleiben sollen.[28, 29] Die Berechnung des gesamten Steueraufwands umfasst grds. neben dem tatsächlichen Steueraufwand auch den latenten Steueraufwand; im vorliegenden Fall ist in die Berechnung des Steuersatzes nur der lfd. Steueraufwand einzubeziehen. Auf diese Weise ergibt sich ein tatsächlicher, effektiver Steuersatz im GJ 2012 von rund 17 %[30] (Vorjahr: 13 %).[31] In einem Zeugnis vor dem Rechnungsprüfungsausschuss des britischen Unterhauses bekräftigt Starbucks CFO Alstead, dass Starbucks ausländischer Steuersatz 21 % betrage und damit höher sei, als die globale Steuerquote der meisten MNU.[32] Dieser Steuersatz ist jedoch unwiderleglich gering, betrachtet man die tarifliche Belastung im int. Vergleich. Denn in denjenigen fremden Steuerhoheiten, in denen Starbucks überwiegend operiert (UK, Kanada, Japan)[33], entspricht die Gesamtsteuerbelastung auf Unternehmensebene einem substanziell höheren Satz.[34] Starbucks CFO argumentiert expressis verbis, dass es der Konzern bewusst unterlässt, den Service der Finanzoasen in Anspruch zu nehmen und gründet aus diesem Grund keine TochterG in nahezu regulierungsfreien Steueroasen.[35] Ausweislich des Anhangs zum Jahresabschluss werden jedoch auch Zweigniederlassungen in

---

[26] Vgl. STARBUCKS CORPORATION (2012), S. 81.
[27] Vgl. KLEINBARD (2013), S. 1531.
[28] Vgl. DONOHOE/MCGILL/OUTSLAY (2012), S. 972-973.
[29] Vgl. STARBUCKS CORPORATION (2012), S. 42, 48, 80.
[30] Siehe Nebenrechnung 1 im Anhang, S. 33.
[31] Vgl. KLEINBARD (2013), S. 1532.
[32] Vgl. HOUSE OF COMMONS (2012), Q230.
[33] Vgl. STARBUCKS CORPORATION (2012), S. 87.
[34] Vgl. BMF (2013a), S. 17-19.
[35] Vgl. HOUSE OF COMMONS (2012), Q213.

Cayman Islands, Cyprus und insb. der Schweiz, die dem Unternehmen einen begünstigten Steuersatz von 12 % bietet, gelistet.[36]

Mit einer Verringerung der Konzernsteuerquote erhöhen sich die Earnings per Share[37], was sich nach kräftigen Kurssprüngen der Starbucks-Aktie in den vorgelegten Quartalszahlen widerspiegelt.[38] Der Quartalsgewinn im vierten Quartal des Geschäftsjahres 2013 stieg um 37 % auf 0,63 $ pro Aktie und erreicht ihren bisherigen Höchststand.[39] Trotz einer Stagnation des EU-Geschäfts hat Starbucks seit Ende 2009 den Gewinn pro Aktie prozentual zweistellig gesteigert[40], ganz im Gegensatz dazu, bewegt sich der Steuersatz auf einem konstant niedrigen Niveau.

---

[36] Vgl. STARBUCKS CORPORATION (2011b), Exhibit 21.

[37] Vgl. HERZIG (2003), S. 80.

[38] Vgl. STARBUCKS CORPORATION (2012), S. 19. Die Stammaktien von Starbucks notieren an der NASDAQ und tragen das Börsenkürzel SBUX. Am Konzern sind ca. 18.500 Aktionäre beteiligt.

[39] Vgl. STARBUCKS CORPORATION (2013), S. 1.

[40] Vgl. KIEFER (2012), S. 40.

4. Die Holdinggesellschaft im Kontext der Konzernorganisation

4.1 Gestaltungsziele

Immer häufiger dehnen Global Player ihre Interaktivität über die nationalen Grenzen hinweg aus und fallen unter das Steuersystem ausländischer Hoheitsgebiete. Durch unterschiedliche Besteuerungsmechanismen kann es zu einer unliebsamen Mehrfachbesteuerung kommen.[41] Um kollidierende Besteuerungsansprüche wirksam zu koordinieren, werden zw. den Staaten Vertragsmuster in Form von DBAs ausgehandelt, die als primäres Ziel die Vermeidung der Doppelbesteuerung beabsichtigen.[42] Großkonzerne können das Steuergefälle zw. den Staaten ausnutzen, um ihre Konzernsteuerquote zu minimieren. Als betriebswirtschaftliches Instrument für eine optimierte internationale Steuergestaltung dient der Einsatz von Holdinggesellschaften.[43]

In der hierarchischen Einordnung bildet Starbucks Inc. USA die Konzernholding. Aufgrund ihrer Funktion lässt sie sich der Kategorie der Finanzholding zuordnen, die die rechtlich selbstständigen TochterG hält[44] und primär als Vermögensverwalter auftritt und für die Unternehmensgruppe als Kapitalmarktintermediär fungiert.[45] In der Konzernorganisation der Starbucks-Gruppe findet man auf einer weiteren Beteiligungsstufe eine zwischengeschaltete Holdinggesellschaft, Starbucks Holdings EMEA BV, die als int. Auslandsholdinggesellschaft aufgestellt ist und als eigenständiges Rechtssubjekt im Unternehmensverbund die zentrale Planung ihrer Bereichseinheiten übernimmt.[46] Über Lizenzstrukturen werden bestehende imm. WG von Starbucks Corp. auf die konzernzugehörige IP-Holding, Starbucks Holdings EMEA BV, übertragen und in einem zweiten Schritt an mehrere untergeordnete Einheiten weiterlizenziert.[47]

Innerhalb der Unternehmensgruppe ist zu entscheiden, ob die TochterG als Grundeinheit an die Zwischenholding, oder an die Spitzeneinheit angebunden werden soll. Die Gestaltungsziele, die mit dem Einsatz der Holdinggesellschaft

---

[41] Vgl. BRÄHLER (2012), S. 329.
[42] Vgl. VOGEL (2008), Einleitung, Rn. 2-6.
[43] Vgl. BRÄHLER (2012), S. 329.
[44] Vgl. KELLER (1993), S. 35.
[45] Vgl. BREMER (1996), S. 14.
[46] Vgl. SCHÄNZLE (2000), S. 15.
[47] Vgl. VON EINEM (2011), S. 2.

verfolgt werden, liegen in der Verringerung der Konzernsteuerquote, der Ausnutzung von Qualifikationskonflikten, der Minimalisierung der QSt-Belastung sowie der Vermeidung der Doppelbesteuerung.[48] Zur Realisation dieser Steuerminimierungsziele werden Repatriierungs- und Allokations-strategien angewendet, die im Folgenden exemplifiziert werden.[49]

4.2 Anwendung von Repatriierungsstrategien

Die Repatriierungstechniken lassen sich konkret in die Umformung von Einkünften, die Umleitung von Einkünften und die zeitliche Abschirmung von Einkünften differenzieren.[50] Es entsteht eine verlängerte Dividendenroute innerhalb des Konzernunternehmens, da statt direkter Anbindung der Grundeinheit an die Spitzeneinheit auf einer zusätzl. Beteiligungsebene eine Holding zwischengeschaltet wird. Dies ist im vorliegenden Fall lukrativ, da in den Niederlanden eine sehr geringe bis keine Belastung durch Quellen- und Ertragsteuern vorgesehen ist.[51, 52]

4.2.1 Umleitung von Einkünften

Die Umleitung von Einkünften ermöglicht es dem in einem bestimmten Staat ansässigen Unternehmen, eigene Einkünfte über ein in einem anderen Staat gegründetes verbundenes Unternehmen umzuleiten.[53] Eine Verringerung der QSt kann erzielt werden, wenn zw. den beteiligten Staaten ein gut ausgebautes DBA-Netz existiert. Ist ein Land ursprünglich nicht abkommensberechtigt, kann dieses durch die Gründung einer Zwischenholding in einem Drittland mit Abkommensberechtigung diese Begünstigung in Anspruch nehmen.[54] Bei einer derartigen Gestaltung, die als *Treaty-Shopping* bezeichnet wird, beansprucht das nicht abkommensberechtigte, steuerpflichtige Unternehmen die Begünstigungen eines DBA, indem es sich über eine sog. „Conduit" in dieses „einkauft".[55]

---

[48] Vgl. JACOBS et al. (2011), S. 914-916.

[49] Vgl. KESSLER (2002), S. 80.

[50] Vgl. JACOBS et al. (2011), S. 1021.

[51] Vgl. KESSLER (1996), S. 83-84.

[52] Überblick zur steuerlichen Standortanalyse Niederlande siehe Anhang Abb. 2, S. 39.

[53] Vgl. OECD (2013a), S. 16.

[54] Vgl. HINTZEN (1997), S. 50.

[55] Vgl. OECD (2012), R(6)-2, R(6)-4 – R(6)-5.

Im Fall Starbucks ist es evident, dass über die „Amsterdam-Struktur" die QSt durch die Wahl des Holdingstandortes Niederlande reduziert wird. Ausgehend von den vielen, in der EU ansässigen Tochterunternehmen, wird vorerst eine Umleitung des Dividendenstroms über die Zwischenschaltung der Starbucks Holdings EMEA getätigt und sodann ein Teil der Gewinne an die Starbucks Inc. US weiterausgeschüttet.

Treaty-Shopping führt oftmalig zu Abkommensmissbrauch, da die Zwischenholding häufig nur auf das Halten von Beteiligungen einer TochterG ohne eine parallel geschäftsleitende Funktion beschränkt ist und keine weiteren beachtlichen außersteuerlichen Gründe vorliegen.[56, 57] Die Bekämpfung missbräuchlicher Ausgestaltungen von Treaty-Shopping erfolgt neben den in den DBA festgeschriebenen Missbrauchsregelungen auch durch spezifische Vorschriften des nationalen Steuerrechts.[58] Im Fall Starbucks kann von der Erfüllung des Substanzerfordernisses gem. § 50d Abs. 3 EStG ausgegangen werden, da ein angemessen eingerichteter Geschäftsbetrieb in den Niederlanden vorliegt[59], wenngleich unklar ist, ob die Mitarbeiter einer Beschäftigung nachgehen.[60, 61]

Das *Directive Shopping* als Spezialfall des Treaty Shopping gewinnt seit der Etablierung der MTRl an Bedeutung, da diese die Möglichkeit für verbundene Unternehmen eröffnet, eine QSt-freie Dividendenausschüttung innerhalb der EU zu erreichen. Somit kann sich die US-Spitzeneinheit über die Einschaltung abkommensberechtiger TochterG in die im Geltungsbereich der EU liegende MTRl einkaufen.[62] Ein steuereffizienter Exit wird dadurch erreicht, dass ein quellensteueroptimaler Holdingstandort für die Weiterausschüttung von Divi-

---

[56] Vgl. LOOMER (2009), Rn. 2.2.1-2.2.2.

[57] In seinem Urteil im Fall „Cadbury-Schweppes" konkretisiert der EuGH vor dem Hintergrund der Niederlassungsfreiheit (Art. 43, 48 EGV), dass die Zwischenschaltung einer ausländischen TochterG nicht als missbräuchlich zu behandeln ist, sofern eine dauerhafte wirtschaftliche Tätigkeit mit fester Einrichtung ausgeübt wird (vgl. EuGH, Urteil v. 12.9.2006, Rn. 54).

[58] Vgl. OECD (2012), R(6)-9 – R(6)-11.

[59] Vgl. HOUSE OF COMMONS (2012), Ev 56.

[60] Vgl. KLEINBARD (2013), S. 1521.

[61] Aus der „Hilversum I"-Entscheidung des BFH geht hervor, dass eine Zwischengesellschaft über keinen angemessen eingerichteten Geschäftsbetrieb verfügt, sofern es an eigenem Personal mangelt (vgl. BFH, Urteil v. 20.3.2002).

[62] Vgl. KESSLER (2002), S. 85.

denden aus EU-Grundeinheiten an die US-Konzernspitze gefunden wird.[63] Auf nl. Dividenden kommt bei der Ausschüttung an einen DBA-Staat anstelle der regulären 15 % ein reduzierter QSt-Satz von bis zu 0 % zur Anwendung. Auf Zinszahlungen sowie Lizenzzahlungen an in- und ausländische Zahlungsempfänger werden keine QSt erhoben.[64]

4.2.2 Umformung von Einkünften

Das Vorhaben, bei dem die Gewinnausschüttung häufig in Zinsaufwand umgeformt wird, wird als sog. *Rule Shopping* bezeichnet. In summa kann das Unternehmen durch sog. Secondary Sheltering bestrebt sein, die ausländischen Einkünfte in eine Einkunftsart umzuformen, die den für ihn günstigsten Einkunftsartikel zur Anwendung bringt.[65] Hinsichtlich der Finanzierungsgestaltung besteht grds. die Möglichkeit zur Kapitalausstattung der Konzernbeteiligung mit EK oder FK in Form von Außenfinanzierung, oder über eine Innenfinanzierung aus einbehaltenen Gewinnen.[66] Bei ausschließlicher Betrachtung der Steuerbelastung ist die Finanzierungsstruktur so zu wählen, dass frühzeitig steuermindernder Finanzierungsaufwand generiert wird und das Anfallen von steuerbaren Erträgen in die Zukunft verlagert wird.[67] Aus steuerlicher Sicht ist die Zuführung von Kapital in Form eines Gesellschafterdarlehens – gewährt durch Starbucks Holdings EMEA – vorteilhaft, da mit der Darlehensgewährung regelmäßig Zinszahlungen einhergehen. Die Gewinnausschüttung auf Stufe der TochterG wird in Zinsaufwand umgeformt, was auf Ebene der nl. Zwischenholding zu häufig quellensteuerbefreiten Zinserträgen führt.[68, 69]

4.2.3 Temporäre Abschirmung von Einkünften

Häufig wird an den USA Kritik geübt, da sie als Sitzstaat einen zeitlich nicht begrenzten Steueraufschub (Deferral) legitimieren und sogar einen Anreiz[70] zur Verlagerung von imm. WG in sog. Tax Havens schaffen. Dabei kann der Steu-

---

[63] Vgl. KESSLER (1996), S. 9.
[64] Vgl. BADER/TÄUBER (2011), S. 887-888.
[65] Vgl. HAASE (2011), S. 285-286.
[66] Vgl. JACOBS et al. (2002), S. 763.
[67] Vgl. KRAWITZ/BÜTTGEN-PÖHLAND (2003), S. 882.
[68] Vgl. KESSLER (1996), S. 86-87.
[69] Zur bildlichen Darstellung siehe Abb. 3 Anhang, S. 40.
[70] Vgl. MURPHY (2013), S. 12.

eraufschub für Gewinne ausländischer Beteiligungsgesellschaften nur erfolgen, wenn die Kapitaleinkünfte zu den Aktiv-Einkünften zählen.[71] In den USA wird das Welteinkommensprinzip zur Vermeidung der Doppelbesteuerung verwendet und die im Ausland gezahlte Steuer auf die Steuerschuld im Inland angerechnet.[72] Die Abschirmung der Einkünfte ist für solche Konzerne von Vorteil, deren Sitzstaat die Anwendung der Anrechnungsmethode praktiziert. Dieser Steuereffekt ist positiv, solange die Steuersätze im Stammland höher als die im Ansässigkeitsstaat der TochterG sind, und es – aufgrund der maximalen Anrechnungsbeträge gem. Sec. 904 (a) IRC – im Repatriierungsfall nicht zu Anrechnungsüberhängen und der damit einhergehenden Definitivbelastung kommt.[73] Starbucks hat bereits in 2012 seine Steuergutschriften zur Verrechnung mit Anrechnungsüberhängen aufgebraucht.[74]

Laut einer Studie lagern 60 % der Barmittel großer US Konzerne im Ausland, die als nicht ausgeschüttete Gewinne permanent reinvestiert werden.[75] Auf thesaurierte Gewinne der Auslandsgesellschaften i.H.v. 1,5 Mrd. $ im GJ 2012, wurden im Konzern Starbucks Inc. bisher keine ESt/ QSt erhoben. Diese Gewinne sollen auf absehbare Zeit nicht für Ausschüttungen verwendet werden, da zur Abdeckung des Liquiditätsbedarfs kein Erfordernis zur Repatriierung besteht.[76] Mit einer Repatriierung der Gewinne durch die Anrechnungsmethode werde die Steuerbelastung des Steuersubjekts – cum grano salis – auf das Steuerniveau des Ansässigkeitsstaates hochgeschleust.[77] Statt der Repatriierung erfolgt tendenziell eine Reinvestition in monetäre Vermögensgegenstände und die Ausnutzung des Vorteils durch Steueraufschub in künftige Perioden,[78] um die US-Hinzurechnungsbesteuerung zu unterbinden.[79] Diese sog. CFC-Legislation soll der Verschiebung des Steuersubstrats in das Ausland entgegensteuern, die

---

[71] Vgl. PINKERNELL (2012), S. 373-374.
[72] Vgl. PWC (2013a), S. 1.
[73] Vgl. KESSLER (1998), S. 207-208.
[74] Vgl. STARBUCKS CORPORATION (2012), S. 83.
[75] Vgl. CHASAN (2012).
[76] Vgl. STARBUCKS CORPORATION (2012), S. 42, 48, 81.
[77] Vgl. HAASE (2011), S. 105.
[78] Vgl. MCINTYRE et al. (2011), S. 14.
[79] Vgl. RICHTER/HONTHEIM (2013), S. 1263.

oft durch eine Beteiligung an einer ausländischen, häufig als KapG ausgestalteten Basisgesellschaft[80] bewirkt wird.[81]

Werden die Dividenden der Schweizer Starbucks Trd. direkt an die US-Muttergesellschaft ausgeschüttet, geht der Vorteil des geringen Steuersatzes in der Schweiz verloren. Durch die Zwischenschaltung der Starbucks Holdings EMEA BV, können die Dividenden aus der Schweiz aufgrund unilateraler Maßnahmen steuerfrei vereinnahmt, reinvestiert und thesauriert werden.[82, 83] Durch die Gründung einer Zwischengesellschaft im DBA-Staat Niederlande, kann durch *Participation Exemption Shopping* das Heraufschleusen der Steuerbelastung auf das höhere Steuerniveau der USA umgangen werden.[84] Durch dieses „Einkaufen in fremde Steuerpräferenzen"[85], kann die Begünstigung des DBA-Schachtelprivilegs, das in den Niederlanden gilt, genutzt werden, um Dividenden von der KSt freizustellen.[86] Die steuerlich motivierte Etablierung der Zwischenholding ist hier also zielführend, da sie ein (Schachtel-) Freistellungsprivileg für Dividenden bietet und sich auf diese Weise Gewinne der Grundeinheiten vor der Besteuerung in den USA abschirmen lassen.[87] Bei der Thesaurierung der Einkünfte auf Ebene der Zwischenholding kommt es innerhalb der Dividendenroute zu einem zeitlichen Aufschub, der einen Steuerstundungseffekt bewirkt. Durch die Strategie des *Deferral Shopping* wird eine Dividendenausschüttung an die USA auf diese Weise zeitlich hinausgezögert und führt erst bei der Weiterausschüttung an die US-Muttergesellschaft zur Steuerbelastung.[88] Da die Gewinne ausländischer TochterG bei der Repatriierung in Länder mit Anrechnungsmethode neben dem hohen KSt-Tarif einer zusätzl. Ertragsteuerbelastung unterliegen, wird ein Anreiz zur Reinvestition ihrer Gewinne im Ausland geschaffen und es kommt es zu einem sog. Lockout-Effekt.[89]

---

[80] In §§ 7 bis 14 AStG als Zwischengesellschaft tituliert.
[81] Vgl. FROTSCHER (2009), Rn. 681-682.
[82] Vgl. BRÄHLER (2012), S. 375.
[83] Zur bildlichen Darstellung siehe Abb. 4 Anhang, S. 41.
[84] Vgl. HINTZEN (1997), S. 52.
[85] Vgl. ENDRES/DORFMÜLLER (2001), S. 95.
[86] Vgl. ERNST & YOUNG (2012), S. 824.
[87] Vgl. KESSLER (2003) S. 175-176.
[88] Vgl. OECD (2012), R(5)-4 – R(5)-5.
[89] Vgl. PWC (2013a), S. 1.

4.3 Verwendung von Allokationsstrategien

Wird bei der Gewinnrealisation auf Ebene der Zwischenholding eine geringere Belastung als bei der Grund- oder Spitzeneinheit erreicht, ist die Anwendung von Allokationsstrategien vorteilhaft.[90] Durch den Mechanismus der Verlagerung der Einkünfteerzielung nach oben (bottom-up) können die Einkünfte innerhalb der Organschaft von der Grundeinheit auf die Holding verlagert und saldiert werden.[91] Durch das Rechtsinstitut der Organschaft[92] wird den Staaten eine Regelungsmöglichkeit an die Hand gegeben, um eine sofortige Ergebniskonsolidierung von Gewinnen und Verlusten im Konzern durchzuführen.[93] Als Organträger ist die Starbucks Holdings EMEA BV, aufgrund steuerlicher Organschaft mit Starbucks Mfg.,[94] Steuerschuldner für den entscheidenden Teil der in der Starbucks-Gruppe Niederlande anfallenden Steuern. Im „Stand-alone-Betrieb" erzielte Starbucks Mfg. einen kleinen Gewinn vor Steuern[95], durch die Zuordnung unter eine Unternehmenszentrale wurde eine Vermögensverschiebung der einzelnen, überwiegend vorhandenen Steuerforderungen möglich[96] und es wurde ein zusammengefasster Verlust ausgewiesen.[97] Dieses sog. *Group Relief Shopping* ermöglicht eine temporäre Verlustberücksichtigung, da eine Verlagerung von Gewinnen und Verlusten der operativen Grundeinheit in die Holding möglich ist.[98]

---

[90] Vgl. BRÄHLER (2012), S. 376.
[91] Vgl. KESSLER (2002), S. 99, 102.
[92] Analog durch länderspezifische Gruppenbeteuerungssysteme.
[93] Vgl. BRÄHLER (2012), S. 381.
[94] Gem. Art. 15 Abs. 1 i.V.m. Art. 2 Abs. 1 und 4 Wet Vpb qualifizieren sich alle nach niederländischem Gesellschaftsrecht gegründeten KapG, unabhängig vom Ort der Geschäftsleitung, für die Anwendung der Organschaft.
[95] Ausweis eines Durchschnittsgewinns von 1,6 Mio. €, der ca. 1 % des Jahresumsatzes i.H.v. 154 Mio. € entspricht (vgl. BERGIN (2012a)).
[96] Vgl. ERNST & YOUNG (2012), S. 826.
[97] Vgl. KLEINBARD (2013), S. 1522.
[98] Vgl. EICKE (2008), S. 51.

5. Internationale Steuerminimierungsstrategien im Konzern Starbucks

5.1 Überhöhte Lizenzgebührzahlungen für Immaterialgüterrechte

Die ökonomische Verwertung von imm. WG[99] ist nicht ortsgebunden und unabhängig vom Sitzstaat des wirtschaftlichen oder rechtlichen Eigentümers. Verwendet ein Unternehmen fremde Immaterialgüterrechte, so schuldet dieses dem überlassenden Rechteinhaber gewöhnlich ein entsprechendes Entgelt, eine Lizenzgebühr, welche als Betriebsausgabe steuermindernd geltend gemacht werden kann.[100] Nach Art. 12 Abs. 1 OECD-MA besteht das Besteuerungsrecht für Lizenzgebühren ausschließlich für den Wohnsitzstaat des Lizenzgebers und führt im Ergebnis zu einer Befreiung von der QSt. Diese Schrankennorm wird dadurch gerechtfertigt, dass der Wohnsitzstaat die F&E-Kosten für die Generierung des WG übernimmt, dessen Aufwendungen u.a. durch Lizenzvereinbarungen kompensiert werden sollen.[101] Als „immaterielle Wirtschaftsgüter" kategorisieren Nutzungsrechte gewerblicher Wirtschaftsgüter wie bspw. Firmennamen, Marken, Muster oder Geschäftsabläufe, insb. auch die Marketingaktivitäten.[102] Sie sind zum einen der Treiber für Wettbewerbserfolg und die Gewinnexpansion der Unternehmen, zum anderen eröffnen sie vielfältige Chancen zur Gewinnverschiebung und führen zu schnell intransparenten Transfer Pricing Systemen.[103]

Für Geschäftsvorfälle mit imm. WG, die von der in den Niederlanden ansässigen Starbucks Holdings EMEA ausgetragen werden, bezahlen die operativen TochterG der EMEA-Region ihrer Muttergesellschaft in Amsterdam eine Lizenzgebühr i.H.v. 6 % der Umsatzerlöse + 25.000 € pro lokale Einheit.[104] Bspw. bezahlt Starbucks UK jährlich eine 6 % Lizenzgebühr (ca. 22,5 Mio. £) an die „Amsterdam-Struktur", welche aber in Absprache mit den Steuerbehörden für die kommenden Wirtschaftsjahre in diesem Einzelfall auf 4,7 % reduziert werden wird.[105, 106] Die 6 % Zahlung entspreche einer marktorientierten

---

[99] Auch als Intellectual Property (IP) bezeichnet.

[100] Vgl. VON EINEM (2011), S. 1.

[101] Vgl. PÖLLATH/LOHBECK (2008), Art. 12, Rn. 8.

[102] Vgl. OECD (2011), S. 217-218.

[103] Vgl. DISCHINGER/RIEDEL (2011), S. 691.

[104] Vgl. BERGIN (2012b).

[105] Im Vergleich dazu belastet Starbucks Wettbewerber McDonald's seine UK-TochterG mit einer verhältnismäßig günstigeren Lizenzgebührenrate zw. 4 % und 5 %.

Geldleistung, derer auch mehr als 20 hochentwickelte, unabhängige Drittlizenznehmer aufgrund der hohen Wertschätzung ggü. der Handelsmarke zugestimmt haben und diese gegenwärtige Lizenzgebührenrate mit 6 % folgerichtig bezahlen.[107] Diese Lizenzgebührenzahlung wird für Immaterialgüterrechte entrichtet[108], welche die Nutzung der Marke Starbucks, der Designkonzepte und Geschmacksmusterrechte beinhaltet, um die Positionierung als Premium-Kaffeanbieter sicherzustellen. Da auch unverbundene Konzessionsinhaber die identische Rate zahlen, behauptet Starbucks, dass die Lizenzgebühren i.H.v. 6 % den Fremdvergleichsgrundsatz entsprechen.[109] Ob die Fremdvergleichskonformität gewahrt wurde, ist fraglich, da des Unternehmens Gesamterlöse im aktuellen GJ zu 79 % in konzerneigenen TochterG und nur zu 9 % in außenstehenden, lizenzierten Filialen bzw. Franchiseunternehmen erzielt werden.[110]

5.1.1 Übertragung von immateriellen Wirtschaftsgütern

Es wird offiziell belegt, dass sich das Support Center der Starbucks-Group in Seattle befindet und als Forschungs- und Innovationszentrum dient.[111] Im Widersinn dazu steht die Tatsache, dass Starbucks Holdings EMEA als Konvergenzpunkt für die Verwaltung dieser in den USA entwickelten Patente gilt und dafür erhebliche Summen an Lizenzgebühren einkassiert. Auf diese Weise wird die „Starbucks Experience" bzw. der Goodwill des Konzerns, der originär in den USA geschaffen wird, der niedrigbesteuernden Konzerntochter in den Niederlanden übertragen.[112] Gem. § 1 Abs. 2 FVerlV liegt eine Funktionsverlagerung vor, da das verlagernde Unternehmen ein nahestehendes Unternehmen durch Nutzungsüberlassung oder Übertragung von Wirtschaftsgütern in die Lage versetzt, eine Funktion auszuüben.[113]

Der Holdingstandort Niederlande bietet mit der „Innovations-Box" eine Art präferentielles Steuerregime und fördert die Innovationsbereitschaft der Unterneh-

---

[106] Vgl. HOUSE OF COMMONS (2012), Q211-Q225.

[107] Vgl. HOUSE OF COMMONS (2012), Ev 54.

[108] Diese Vorgehensweisen werden v.a. von Technologiefirmen wie Google oder Apple praktiziert, die über ein hohes Maß an immateriellen Vermögenswerten verfügen.

[109] Vgl. HOUSE OF COMMONS (2012), Q214-Q229.

[110] Vgl. STARBUCKS CORPORATION (2012), S. 3-5.

[111] Vgl. UGAI (2013), S. 1.

[112] Vgl. STARBUCKS COFFEE EMEA B.V. AMSTERDAM (2012), S. 4.

[113] Vgl. BR-Drs. 352/08 (2008), S. 1.

men, da Einnahmen aus Innovationen bzw. aus selbstentwickelten Patenten resultierende Gewinne mit dem niedrigen effektiven KSt-Satz von 5 % besteuert werden;[114] dies begünstigt häufig die Klassifikation der Gewinne als Einnahmen aus Immaterialgüterrechten.

Nach Angaben von Starbucks CFO Troy Alstead, belaufen sich die F&E-Kosten jährlich auf eine Summe von 0,5 Mrd. $, welche Kosten für die Produkt- und Markenentwicklung enthalten. Mit dem Einsatz des hohen Betrages an F&E-Kosten werde das strategische Ziel verfolgt, einen wertsteigernden betriebswirtschaftlichen Ansatz in der Geschäftsentwicklung zu etablieren und die Wettbewerbsfähigkeit sicherzustellen.[115] Es gibt auch empirische Evidenz dafür, dass die Migration imm. WG ins Ausland Auswirkungen auf die Art und Weise zeigt, wie Gewinne aus F&E an die Bundessteuerbehörden der USA berichtet werden. Investitionen in F&E durch US-Mutterkonzerne seien zwar ein schwacher Indikator für Lizenzgebührenzahlungen einer CFC an die Muttergesellschaft, aber maximieren die Gewinne der Niedrigsteuergesellschaft, mit denen sodann vorteilhafte Kostenumlageverträge für F&E-Investitionen geschlossen werden.[116] Auch im Fall Starbucks verkauft die nl. Holdinggesellschaft die Patente an verbundene, hochbesteuerte Wirtschaftseinheiten und beziehen die korrespondierenden Lizenzgebühren als Einkünfte.

5.1.2 Der Lizenzgebührenfluss innerhalb der Konzerneinheiten

In zwei Schritten sollen nun als erstes der Lizenzgebührenfluss von einer TochterG an die Holdinggesellschaft und anschließend der Kapitalstrom von der nl. Holdinggesellschaft an das beherrschende Unternehmen aufgezeigt werden. Die Lizenzgebühren werden ausgehend von den einzelnen Starbucks EU-Einheiten an die in Amsterdam beheimatete Europa-Zentrale entrichtet, wodurch die Gewinne auf diese Weise aus den Hochsteuerländern abgesogen werden. Die konzerninternen Lizenzzahlungen bspw. von der britischen TochterG Starbucks UK, belaufen sich auf ca. 25 Mio. £ jährlich, was ca. 40 % aller von Starbucks Holdings EMEA empfangenen Lizenzeinnahmen in 2011 entspricht.[117] Die Holdinggesellschaft hatte einen Umsatz von 72,9 Mio. € und Aufwendungen von ca.

---

[114] Vgl. ERNST & YOUNG (2012), S. 819-820.

[115] Vgl. HOUSE OF COMMONS (2012), Q278-Q280.

[116] Vgl. GRUBERT/MUTTI (2007), S. 2, 18-21.

[117] Vgl. STARBUCKS COFFEE COMPANY (UK) LIMITED (2008), S. 16; (2009), S. 16; (2011), S. 15; (2012), S. 15; STARBUCKS COFFEE EMEA B.V. AMSTERDAM (2012), S. 4.

33 Mio. € im Jahr 2011, erklärte jedoch einen Gewinn von nur 507.000 €.[118] Starbucks Holdings EMEA müsste erwartungsgemäß einen Vorsteuergewinn von mehr als 40 Mio. € ausweisen, stattdessen weist es einen Verlust vor Steuern von 12,4 Mio. € und eine Steuerforderung von 530.000 € für das am 30. September endende GJ 2011 aus.[119] Nach Untersuchung der Bilanz vollzieht sich diese prekäre finanzielle Lage u.a. folgendermaßen: Die Finanz- und Wirtschaftskrise in der Eurozone hat das Konzernergebnis der darauf folgenden Geschäftsjahre in einem negativen Ausmaß verändert und zu einer erheblichen Differenz zw. dem Buchwert des Vermögenswerts und dem Barwert der erwarteten zukünftigen Cashflows beigetragen. Die Überprüfung zur Wertbeeinträchtigung führte zu dem Ergebnis, dass eine voraussichtlich dauerhafte Wertminderung bei den Finanzanlagen und Beteiligungen an einigen untergeordneten TochterG vorliegt, für die das Unternehmen erfolgswirksame Wertminderungsaufwendungen auf den niedrigeren beizulegenden Zeitwert i.H.v. 40,4 Mio. € vornehmen darf. Starbucks Holdings EMEAs Vorsteuerergebnis umfasst neben der Rücklage von 40,4 Mio. € auch die Lizenzgebühren von Starbucks Holding EMEA an Alki LP i.H.v. 45,7 Mio. €. Genau diese werden im Bilanzposten sonstige Aufwendungen berücksichtigt und stellen Ausgleichszahlungen dar, die in einem Lizenzabkommen mit dem Verbundunternehmen Emerald City CV geregelt werden und der Holding als akzeptiertes Steuerruling des nl. Finanzministeriums vorliegen.[120] Diese Form von (Preis-) Absprache ist, wie Starbucks Finanzvorstand argumentiert, geheim und unterliegt einer Vertraulichkeitsvereinbarung.[121] Laut des stellvertretenden Finanzministers des nl. Parlaments habe jedoch von Seiten der Gesetzgebungsinstanz ein Erfordernis zur Geheimhaltung über individuelle steuerliche Vereinbarungen niemals bestanden.[122]

Im zweiten Schritt wird nun die Weiterleitung der Lizenzgebühren innerhalb der Dividendenroute auf Stufe der Holding an den Sitzstaat des Mutterkonzerns unter Ausnutzung von Qualifikationskonflikten dargelegt. Generell bleibt ungeklärt, wo die an Starbucks Holdings EMEA gezahlten Lizenzgebühren konkret hinfließen und welche Steuer darauf entrichtet wird. Der Umsatz i.H.v. 72,9 Mio. €, der im Wesentlichen aus Erlösen aus dem Lizenzgeschäft stammt, wird re-

---

[118] Vgl. BERGIN (2012a).

[119] Vgl. KLEINBARD (2013), S. 1523.

[120] Vgl. STARBUCKS COFFEE EMEA B.V. AMSTERDAM (2012), S. 9, 15, 19.

[121] Vgl. HOUSE OF COMMONS (2012), Q318, Ev 55.

[122] Vgl. STEINGLASS (2013).

duziert durch die Personalkosten, die etwa 16 Mio. € betragen und sonstige Aufwendungen, die sich auf 26,6 Mio. € belaufen.[123] Den hauptsächlichen Kostenaufwand begründet T. Alstead mit den hohen Miet- und Personalkosten für die in der Europa-Zentrale zu diesem Zeitpunkt angestellten 97 Mitarbeiter. Zudem wird ein Teil der Holdingeinkünfte an andere Starbucks Geschäftsstellen, bspw. an die Schweizer Niederlassung, bezahlt. Es gibt keine nähere Information darüber, ob die gezahlten Gebühren für den Gebrauch der originär in den USA entstandenen Marke rückgeführt werden, um dort besteuert zu werden. Diese Lizenzgebühren werden tendenziell selten in die USA repatriiert, da Unternehmensgewinne dort bis zu einer Höhe von 39 % versteuert werden, wohingegen in der Schweiz auf Einnahmen aus Lizenzgebühren ein begünstigter Steuersatz von rund 2 % angewandt werden kann.[124]

Im GJ 2011 wurden nachweislich etwa 63 % der Lizenzeinnahmen von Starbucks Holdings an Alki LP abgeführt, im Vorjahr waren dies rund 51 %.[125] Sowohl der effektive Steuersatz auf die bei Starbucks Holdings EMEA als Einkommen verbleibenden Lizenzgebühren, als auch die steuerliche Belastung derer, die innerhalb der Dividendenroute an Alki LP abgeführt werden, ist nicht exakt nachweisbar. Dabei fungiert Rain City CV in dieser dreistufigen PersG-Struktur für US-Besteuerungszwecke als sog. Check-the-box Entity, wodurch das Einkommen von Alki LP an Rain City CV hochgeleitet wird und zugleich nicht der Hinzurechnungsbesteuerung unterliegt.[126] Starbucks bezeugt, sowohl niederländische, als auch amerikanische Steuern auf Lizenzgebühren zu zahlen; der effektive Gesamtsteuersatz der letzten fünf Jahre auf die im nl. Hauptsitz eingegangenen Lizenzgebühren lag im Durchschnitt bei 16 %[127] und wurde vom Unternehmen selbst als niedrig deklariert.[128] Im Jahr 2011 betrug die an die nl. Finanzbehörde insgesamt geleistete Steuerzahlung 715.876 €.[129] Die Finanzverwaltungen gestatten Gesellschaften, die Lizenzgebührzahlungen auf gewerbliche imm. WG abzuziehen, wenn Firmen sich als nahestehende Steuersubjekte untereinander wie unabhängige Dritte verhalten haben und die Gebühren auf Basis

---

[123] Vgl. STARBUCKS COFFEE EMEA B.V. AMSTERDAM (2012), S. 8-9, 19.

[124] Vgl. BERGIN (2012a).

[125] Siehe Nebenrechnung 2 im Anhang, S. 34.

[126] Vgl. KLEINBARD (2013), S. 1525.

[127] Vgl. HOUSE OF COMMONS (2012), Ev 55.

[128] Vgl. HOUSE OF COMMONS (2012), Q242-Q243.

[129] Vgl. HOUSE OF COMMONS (2012), Ev 55.

des Fremdvergleichsgrundsatzes gem. Art. 9 Abs. 1 des OECD-MA erhoben wurden.[130]

5.2 Einkünfte aus Investitionstätigkeit unter Subpart F

Die Subpart-F-Vorschriften stellen prinzipiell passive Einkünfte sowie jenes vom Wertschöpfungsmechanismus der Einkommen generierenden Dienstleistungen vorsätzlich separiertes Einkommen unter den Generalverdacht der Missbräuchlichkeit. In diesem Sinne zielt die Hinzurechnungsbesteuerung ausschließlich auf inkriminierte Einkünfte ab. Der Gesetzgeber avisiert generell mit der Verschiebung von passiven Einkommen ins Ausland das Vorhandensein von Motiven steuerlicher Art. Denn der Transfer von Gewinnen durch Transaktionen ist mit nahe stehenden Personen bedeutend unkomplizierter, da im Konzernverbund eine begünstigte Dividendenroute zwischen den Konzerneinheiten festgelegt werden kann.[131]

Innerhalb der US-Hinzurechnungssystematik gebührt den Einkünften aus ausländischen personenbezogenen Holdings[132] (Sec. 954(c) IRC) eine priorisierte Betrachtung. Zu diesen typisierten Investmenteinkünften, denen vorwiegend das Passivitätskriterium inhärent ist, gehören Lizenzgebühren, Dividenden, Zinsen, Mietzinsen und der Gewinn aus Rohstofftransaktionen. Diese als schädlich identifizierten Einkünfte qualifizieren als Subart F-Einkommen und somit für die Einordnung in den Passivkatalog der US-IRC mit der Folge einer Hinzurechnungsbesteuerung.[133]

Sofern bei den Einkünften keine Absicht für ein Offshoring besteht, greifen in den USA verschiedene Ausnahmeregelungen, zu denen u.a. die Look-Through Exception und Active Finance Exception (AFE) zählen. Die Same Country Exception (Sec. 954(c)(3) IRC, Sec. 954(d)(1) IRC) schließt Dividenden, Lizenzgebühren und Zinsen von der Klassifizierung als FPHCI aus, die einer CFC von einer nahe stehenden, im selben Land ansässigen Auslandsgesellschaft zugeflossen sind. Im Zusammenhang mit der Look-Through Rule (Section 954(c)(6) IRC) werden diejenigen typisierten Investmenteinkünfte nicht als

---

[130] Vgl. OECD (2011), S. 35.
[131] Vgl. KRAFT/BECK (2012a), S. 632.
[132] Wird als Foreign Personal Holding Company Income (FPHCI) bezeichnet.
[133] Vgl. KRAFT/BECK (2012a), S. 633, 635.

FPHCI eingestuft, die eine CFC von einer nahe stehenden CFC, welche in einer anderen Jurisdiktion niedergelassen ist, erhalten hat.[134, 135]

Im amerikanischen Subpart-F-System besteht die sog. Check-the-box-Regelung (Treas. Reg. Sec. 301.7701-2) als ein Optionsmodell für eine bestimmte Qualifizierung einer ausländischen Geschäftseinheit. Falls die autorisierte Gesellschaft als eine „Separate Business Entity" klassifiziert wird, ist sie eine für das Check the box-System geeignete Einheit (Eligible Entity), für deren Behandlung grob die drei folgenden Wahlmöglichkeiten aus US-Sicht offen stehen: Eine Geschäftseinheit kann als PersG oder KapG eingestuft werden[136], oder sie wird für steuerliche Zwecke nicht beachtet (Disregarded Entity) und gleicht als nicht eigenes Steuerrechtssubjekt einer Betriebsstätte[137] (Hybrid).[138] Dieses Verfahren eröffnet nachweislich missbräuchliche Gestaltungsspielräume, aufgrund der Ausnutzung der abweichenden Klassifizierung und der impliziten Anwendung partikulärer Besteuerungspraktiken in den einzelnen Ländern. Die neuen Regelungen, als Beispiel die Same Country Exception, visieren jedoch ebenso eine missbräuchliche Anwendung der Check-the-box-Regeln zur Umgehung von Subpart-F-Einkünften an.[139]

Die *Look-Trough-Rule* findet auch am Fallbeispiel Starbucks Verwendung. Der US-Mutterkonzern Starbucks Corp., ist mit Mehrheit der Aktien am holländischen Unternehmen Rain City CV beteiligt, letztere trägt wiederum über ein zusätzl. Vehikel die Mehrheit der Anteile an der britischen Einheit Alki LP. Sowohl die nl., als auch die britische Gesellschaft sind als CFC organisiert und werden zum Zwecke der CFC-Legislation als nahe stehende Personen angesehen. Vergäbe die nl. Gesellschaft an ihre TochterG ein Darlehen, dann wäre demgemäß der von Rain City CV erhaltene Zinsertrag der Einordnung als FPHCI ausgenommen. Da diese Einkünfte der Section 954(c)(6) unterliegen würden, käme die Ausnahmeregelung zum Tragen und die Zinsen würden vor

---

[134] Vgl. BUTERA (2011).

[135] Obwohl die Look-Through-Regelung am Geschäftsjahresende 2009 auslief, ist in der aktuellen Rechtsprechung rückwirkend im „Tax Relief, Unemployment Insurance Reauthorization, and Job Creation Act" sowohl diese Regelung, als auch die AFE für Subpart-F-Einkommen verlängert worden (siehe dazu PWC (2013b)).

[136] Gem. Treas. Reg. Sec. 301.7701-3(a).

[137] Gem. Treas. Reg. Sec. 301.7701-2(a), Treas. Reg. Sec. 301.7701-3(a).

[138] Vgl. KRONIGER/THIES (2002), S. 401.

[139] Vgl. KRAFT/BECK (2012b), S. 687-688.

der Subpart-F-Besteuerung bewahrt. Bevor es zur gesetzlichen Anwendung der Look-Trough-Regel kommt, könnte eine Check-the-box Wahlrechtsausübung in Betracht gezogen werden, um zu vermeiden, dass Einkünfte unter Subpart-F-Einkommen subsumiert werden. Es wird angenommen, dass Alki LP für US-Steuerzwecke als eine nicht selbständige Rechtsperson anerkannt wird, somit würden die Zinszahlungen unberücksichtigt bleiben.[140, 141] Unterstellt man, dass Rain City CV zu dem Gesellschaftstyp der Reverse Hybrid optiert, wird sie als ausländische PersG für US-Besteuerungszwecke als KapitalG behandelt.[142, 143, 144] Der wichtigste Gesichtspunkt besteht indes darin, dass im vorliegenden Fall Rain City CV durch die Wahl der Rechtsform als KapG eine steuerliche Abschirmwirkung auf die Erfassung der Einkünfte entfalten kann. Unter der im US-Regelungsgefüge verankerten Anrechnungsmethode werden die lfd. Einkünfte i.d.R. nur im Fall der Ausschüttung an den US-Mutterkonzern in den USA besteuert, sodass bei Dividendenausschüttungen in einem späteren Jahr ein temporäres Aufschieben einer etwaigen Besteuerung der Auslandseinkünfte in den USA bewirkt wird.[145]

5.3 Steueroptimierte Konzernfinanzierung über Darlehensvergabe

Art. 10 OECD-MA (Dividenden) sowie Art. 11 OECD-MA (Zinsen) ersehen eine Aufteilung der Besteuerungsrechte zwischen Wohnsitzstaat und dem Quellenstaat. Art. 10 Abs. 1 und 2 OECD-MA räumt dem Wohnsitz des Dividendenempfängers das Recht zur Besteuerung der Dividenden ein und begrenzt das Besteuerungsrecht des Quellenstaates. In Art. 11 Abs. 1 und 2 OECD-MA wird dem Sitzstaat des Zinsempfängers das Besteuerungsrecht der Zinseinkünfte uneingeschränkt zugesprochen und Steuern des Quellenstaates angerechnet.[146]

Vor allem US-basierte, global agierende Unternehmen profitieren von grenzüberschreitender Steuerarbitrage. Durch die Verlagerung von Gewinnen aus Hochsteuerländern, wo Einkünfte tatsächlich generiert werden, in Niedrigsteuergebiete, können aufgrund dieser sog. Stateless Income-Steuerplanung zusätzl.

---

[140] Vgl. KLEINBARD (2013), S. 1521-1522, 1525.

[141] In Anlehnung an BUTERA (2011).

[142] Gem. Treas. Reg. Sec. 301.7701-3(g)(1)(i).

[143] Vgl. KLEINBARD (2013), S. 1525.

[144] Vgl. KRONIGER/THIES (2002), S. 402.

[145] Vgl. GUSTAFSON/PERONI/PUGH (2001), S. 943.

[146] Vgl. OECD (2012), C(10)-1 – C(10)-2, C(11)-1 – C(11)-2.

Renten eingefahren werden. Auf diese Weise platziert Starbucks seine Investitionen in Länder mit hohen Steuersätzen, während der Zinsaufwand zur Erosion der BMG führt und die zu entrichtende Steuer auf ihre Inlandsaktivität mindert.[147]

Als eine Vorgehensweise zur Manipulation von Besteuerungsgrundlagen nutzt Starbucks die konzerninterne Darlehensvergabe, die der Leitfaden für die Gewinnverlagerung in Niedrigsteuerjurisdiktionen ist. Diese Art von Krediten bringen den Vorteil doppelter Nichtbesteuerung für MNU mit sich: So kann der Kreditnehmer Zinsaufwendungen zur Minderung des zvE verwenden und der Kreditgeber seine Präsenz in ein steuerlich günstiges Umfeld ausflaggen.[148] Auf diese Weise macht Starbucks die überhöhte Abzugsfähigkeit für Zinsaufwendungen geltend, indem eine TochterG einen Kredit bei einem verbundenen Unternehmen, welches von einer Niedrigbesteuerung profitiert, aufnimmt. Folglich schmälern die Zinszahlungen den steuerpflichtigen Gewinn, während die Zinserträge beim Empfänger i.d.R. unbeachtlich bleiben.[149]

Eine Bilanzanalyse schlüsselt auf, dass u.a. Starbucks britische TochterG unter den europäischen Einheiten vollständig fremdfinanziert ist und jene im GJ 2011 bei einem Jahresfehlbetrag von 32,9 Mio. £, Zinsen i.H.v. 1,9 Mio. £ an ihre Muttergesellschaft bezahlte.[150] Der weltweit führende Anbieter von Spezialitätenkaffee deklariert den Markt in Großbritannien als kaum profitabel. Die Anleihe des Konzerns ist mit einem Kupon von LIBOR + 1,3 % ausgestattet; die britische Konzerntochter zahlt für konzerninterne Kredite einen Zinssatz von LIBOR + 4 % an ihren Mutterkonzern – in Relation zu Starbucks größten Wettbewerbern stehend, ist diese Zinssatzbelastung verhältnismäßig hoch.[151, 152]

Die angemessene Bepreisung von Finanztransaktionen zwischen verbundenen Unternehmen hat in letzter Zeit erkennbar an Brisanz gewonnen, allerdings gibt es keine einschlägigen Regelungen zur Preisgestaltung für konzerninterne Finanzierungsleistungen. Bei der Analyse der Fremdvergleichskonformität ist v.a.

---

[147] Vgl. KLEINBARD (2013), S. 1518.

[148] Vgl. BERGIN (2012a).

[149] Vgl. OECD (2013a), S. 16.

[150] McDonalds UK leistete vergleichsweise nur die Hälfte dieses Betrages an Zinszahlungen an Konzerngesellschaften.

[151] Vgl. STARBUCKS COFFEE COMPANY (UK) LIMITED (2011), S. 11-12, 18-19.

[152] Vgl. BERGIN (2012a).

die Frage nach der Notwendigkeit einer Sicherheitsgewährung für Darlehen zw. den Konzerngliedern zu berücksichtigen. Der Fremdvergleichsgrundsatz ist eingehalten, wenn der Zinssatz bei der Darlehensgewährung auch von fremden Dritten vereinbart worden wäre, also fremdvergleichskonform ist.[153]

5.4 Verrechnungspreisgestaltung bei konzerninternen Transaktionen

Über die Starbucks Coffee Trading GmbH im Schweizer Lausanne werden Kaffeebohnen eingekauft und sodann bspw. in der in Amsterdam ansässigen Haupt-Rösterei, der Starbucks Mfg. EMEA, veredelt. Dies entspricht einer Trennung der Prozesse innerhalb der Wertschöpfungskette. Über die Zentralisierung der Kaffeeverkaufsaktivität durch die Schweizer TochterG können Degressionsgewinne und Skaleneffekte erreicht werden.[154] Starbucks CFO Alstead tritt ferner für den Grundsatz des Unternehmens ein, dass der Gewinn dort erwirtschaftet werde, wo Wertschöpfung erzielt wird – dem häufig identifizierten Muster des Auseinanderfallens des Ortes wirtschaftlicher Aktivität und des Ortes steuerlicher Gewinnerfassung folge ihr Unternehmen nicht.[155]

Die Schweiz gilt als beliebter und zentraler Umschlagsplatz für Rohstoffhandel weltweit, insb. auch für den Handel von Kaffee. Es wird konstatiert, dass 75 % des Kaffees der Welt – virtuell – über die Schweiz gehandelt wird und Starbucks Anteil davon ca. 5 % des jährlichen Kaffeehandels beträgt.[156] Ausgehend von der Schweizer Globaleinkaufszentrale werden im Zuge einer 20 % Aufschlagsspanne weltweit all die Grünkaffeebohnen weiterverarbeitenden Fabrikationsunternehmen und Röstbetriebe im Konzernverbund mit Rohkaffee beliefert, zu denen die holländische Starbucks Mfg. EMEA BV gehört. Ausgehend von der Letzteren wird der Bedarf am gesamten europäischen Markt, über die Zahlung einer weiteren Spanne, abgewickelt.[157] Finanzvorstand Alstead erläutert, dass die Aufschlagsspanne, die Starbucks auf Kaffee erhebt, der an die operativen Geschäftseinheiten verkauft wird, bei etwa 20 % liege und die Handelsspanne aus konsequenter Margenpolitik resultiere.[158] Bevor das Produkt dem Konsumenten zum Kauf angeboten wird, schlägt der Einzelhändler auf seinen

---

[153] Vgl. BERNHARDT (2012), S. 8-9.
[154] Vgl. UGAI (2013), S. 2.
[155] Vgl. HOUSE OF COMMONS (2012), Q585-Q586.
[156] Vgl. HOUSE OF COMMONS (2012), Q273, Ev 53.
[157] Vgl. HOUSE OF COMMONS (2012), Q262, Q301-Q306.
[158] Vgl. HOUSE OF COMMONS (2012), Q257.

Einkaufspreis im Durchschnitt aller Warengruppen im Normalfall eine Einzelhandelsspanne von bis zu 25 %.[159] Eine Erhöhung des Genussmittelpreises um 20 % auf dem Weg von einer TochterG in die andere TochterG sei nach Ansicht des Rechnungsprüfungsausschusses jedoch nicht obligat. Neben dieser 20 % Aufschlagsspanne, welche der nl. Holding durch die zentrale Schweizer Handelsgesellschaft erwachsen, hält es das Komitee auch nicht für vertretbar, dass die Niederlande ihrem Weiterverkauf an operative Unternehmenseinheiten nochmals eine zusätzl. Spanne aufoktroyieren.[160]

Über die in der Schweiz ansässige, mit 30 Mitarbeitern ausgestattete, globale Kaffeeeinkaufszentrale, werden ausschließlich alle globalen Kaufoperationen im Kaffeegeschäft ausgeführt. Der Geschäftsbetrieb der Einkaufszentrale orientiert sich bspw. an den C.A.F.E. (Coffee and Farmer Equity)-Richtlinien[161], auf deren Einhaltung hin das Unternehmen von externen Prüfern evaluiert wird. Aufgrund kostenintensiver Zertifizierungen und Nachhaltigkeitsprogramme sei aus der Sichtweise des Unternehmens ein branchenüblicher Aufschlag i.H.v. 20 % insoweit gerechtfertigt.[162] Unabhängig davon ob firmeneigen oder lizenziert, den USA und der EMEA-Region wird eine einheitliche Handelsspanne von 20 % auf den Weitertransfer auferlegt.[163]

Dabei dürfte sich speziell die Methode des Kostenaufschlags im Fall Starbucks als zweckmäßig erweisen, da zw. verbundenen Unternehmen Halbfabrikate verkauft werden.[164] Die Bruttogewinnspanne ist der Verkaufserlös von Kaffee, also das Entgelt für die Leistung aus dem Warenhandel und stellt ungefähr 20 % als Bruttoertrag am Gesamterlös dar. Nach Angaben von Alstead wird mit einem Rohgewinn von ca. 20 % kalkuliert, der nach Abzug der Handlungskosten und Selbstkosten zu einer Ertragskraft der Kaffeerösterei im oberen einstelligen Bereich von annähernd 8 % führt.[165]

---

[159] Gem. dem INSTITUT FÜR HANDELSFORSCHUNG (2011) liegt die aktuelle Betriebshandelsspanne im deutschen Lebensmittel- und Getränkesektor bei über 20 % des Bruttoumsatzes.

[160] Vgl. HOUSE OF COMMONS (2012), Q257-Q262, Q306.

[161] Für nähere Information siehe: www.starbucks.de.

[162] Vgl. HOUSE OF COMMONS (2012), Q256-Q259, Q299.

[163] Vgl. HOUSE OF COMMONS (2012), Q304-Q306.

[164] Vgl. OECD (2011), S. 79.

[165] Vgl. HOUSE OF COMMONS (2012), Q257-Q262, Q299, Q307-Q309.

Die Verrechnungspreisgestaltung ist für MNUs neben den Steuerminimierungsstrategien der wichtigste Parameter in der internationalen Steuerpolitik.[166] Der Konzern legt seinen Verrechnungspreis nach der *Kostenaufschlagsmethode* fest – eine geschäftsvorfallbezogene Standard-methode, derer man sich bei der Anwendung des Fremdvergleichsgrundsatzes bedient. Sie geht von den Kosten aus, die dem liefernden Unternehmen (Starbucks Trading) bei einem konzerninternen Geschäftsvorfall an verbundene Unternehmen (Starbucks Manufacturing) entstehen. Auf diese Kosten wird in einem zweiten Schritt ein adäquater Kostenaufschlag erhoben, damit ein den Marktbedingungen und wahrgenommenen Funktionen entsprechender Gewinnbeitrag erwirtschaftet werden kann.[167] Die Kosten werden unter Ermittlung der vom Unternehmen erzielten Bruttomarge bestimmt: Als (Kostenbemessungs-) Grundlage kommen die Kosten für Rohkaffee in Betracht. Schwankt der Preis der Kaffebohne, so sinkt oder steigt der Kostenaufschlag adäquat. Dabei bestimmen sich die Kosten für die mannigfachen Kaffeesorten direkt nach den Preisen, die im Handel mit den Kaffeefarmern vereinbart werden.[168] Mittels Hinzurechnung des Kostenaufschlags zu den verursachten Kosten ergibt sich der Fremdvergleichspreis für den innerhalb eines Konzerns stattfindenden Geschäftsprozess.[169]

Neben der Kostenaufschlagsmethode wurden für die im nl. Konzernverbund gemeinsam besteuerten Unternehmen durch den Abschluss von *Advance Pricing Agreements* (APAs) mit dem nl. Finanzministerium die Verrechnungspreismethoden für einen zehnjährigen Zeitraum in der Zukunft festgelegt.[170] Diese Vorabverständigung führt gerade bei der Kostenumlagerung, oder der Zurechnung von Einkünften bei länderübergreifenden Rohstoffhandel (hier insb. Kaffeehandel) für eine verbesserte Einschätzungsfähigkeit der steuerlichen Behandlung int. Geschäftsvorfälle und den damit einhergehenden Steuerverbindlichkeiten.[171]

---

[166] Vgl. ERNST & YOUNG (2010), S. 3-5.
[167] Vgl. OECD (2011), S. 66, 78-79.
[168] Vgl. HOUSE OF COMMONS (2012), Q312-Q314.
[169] Vgl. OECD (2011), S. 79.
[170] Vgl. STARBUCKS COFFEE EMEA B.V. AMSTERDAM (2012), S. 13.
[171] Vgl. OECD (2011), S. 191, 193, 197.

5.5 Steueroptimierung über Konzerntochterunternehmung in der Schweiz

Im Visier der EU befinden sich v.a. die kantonalen Sonderregelungen der Schweiz, die den MNUs maßgeschneiderte günstige Steuerlösungen für die Minimierung ihrer weltweiten Zahlungen anbieten.[172] Zum Gewinn der Schweizer Kaffeeauffiliale existieren keine detaillierten Informationen, nach geltendem Schweizer Recht obliegt der Starbucks-Tochter keine Publikationspflicht.[173] Dabei beträgt die tarifliche Belastung des Gewinns von KapG 24 % in UK und 25 % in den Niederlanden, sowie 8,5 % in der Schweiz.[174] Der Konzern Starbucks ist offenbar in den Genuss kantonaler Privilegien gekommen und versteuert Gewinne, die im Zusammenhang mit Rohstoffhandel erzielt wurden, mit einem reduzierten Gewinnsteuersatz von ca. 5 %.[175] Insb. das britische Parlament ist der Ansicht, dass Seitens Starbucks mit der Wahl dieses Standortes eine Steuerumgehungsabsicht bestanden hat, da im Schweizer Kanton Waadt ein Niedrigsteuersystem waltet. Speziell für Kaffeehandel und im Allgemeinen für Handelsunternehmen, die weltweit eine Reihe von Warengeschäften tätigen, biete die Schweiz einen sehr wettbewerbsfähigen Steuersatz i.H.v. 12 %, die derartige Aktivitäten begünstigen.[176]

5.5.1 Einkünfte aus Handelstätigkeit unter Subpart F

Im System der US-Hinzurechnungsbesteuerung spielen die Einkünfte aus Handelstätigkeiten ausländischer Basisgesellschaften[177] (Sec. 954(d) IRC) eine entscheidende Rolle. Die Schweizer Starbucks Coffee Trading GmbH erwirtschaftet mit ihrer Handelstätigkeit FBCSI, das gem. Sec. 954(d)(1) IRC zu Subpart-F-Einkommen führt, indem sie als eine Art konzerninterne Verkaufsgesellschaft von unabhängigen Händlern ihre Kaffeebohnen bezieht und diese an ihre verbundenen Unternehmen weiterverkauft.[178, 179] Da diese Transaktionen jedoch als Rohstoffhandel einzustufen sind, findet dieser Gesetzesartikel keine Anwendung

---

[172] Vgl. MERTEN (2013), S. 39.

[173] Vgl. BERGIN (2012a).

[174] Vgl. BMF (2013a), S. 11-19.

[175] Vgl. BERGIN (2012a).

[176] Vgl. HOUSE OF COMMONS (2012), Q273-Q275, Q289-Q295.

[177] Wird als Foreign Base Company Sales Income (FBCSI) bezeichnet.

[178] Vgl. HOUSE OF COMMONS (2012), Q273, Q292.

[179] Vgl. KLEINBARD (2013), S. 1526.

und diese Verkaufsaktivitäten sind nicht als schädliche Einkünfte zu qualifizieren.[180] Da es sich also um Einkünfte aus dem Verkauf landwirtschaftlicher Rohstoffe (Rohkaffee) handelt, greift die Ausnahmeregelung der *Commodity Exception* und die Einkünfte werden aus der Einordnung als FBCSI ausgenommen.[181] Wird unterstellt, dass die Schweizer Tochter zum Austausch von Vermögenswerten eingesetzt wird, so werden ihre Geschäftsgewinne aus dem Rohstoffhandel für Subpart-F Zwecke nicht als Einkünfte aus ausländischen personenbezogenen Holdings (FPHCI) eingeordnet.[182] Starbucks Trd. richtet seine Geschäftsabläufe so aus, um den Umgehungstatbestand zu nutzen. Jene Regeln verlangen, dass die CFC unmittelbaren Besitz der Rohkaffeebohnen ausübt und erfordern zudem eine beträchtliche Kostenübernahme für die physische Warenbewegung, Fracht, Versicherung und das Ausstellen von Rechnungen für die Produkte.[183, 184]

5.2.2 Umgehung der Hinzurechnungsbesteuerung

Die grundsätzlich als aktiv zu qualifizierenden Ankaufs- und Verkaufsvorgänge gelten jedoch dann als negative Einkünfte des FBCSI, wenn der Verkauf von Waren räumlich separiert wird vom Herstellungsprozesses, an dem nahe stehende Personen beteiligt sind (Sec. 954(d)(1)).[185] Derartige Vorgänge führen zur Erzeugung von sog. Stateless Income.[186] In der aktuellen Rechtsprechung werden die Umgehungsmöglichkeiten zur Verhinderung der Einstufung der Einkünfte als FBCSI bzw. die Nutzung von Ausnahmeregelungen durch das Konzept der *Branch Rules* gem. Sec. 954(d)(2) sabotiert. Die Folgen aus der Anwendung der Branch Rules konkretisieren sich in der Einordnung der Einkünfte als FBCSI mit der Konsequenz der Hinzurechnungsbesteuerung.[187] Sie sehen keine Einschränkung der Wettbewerbsfähigkeit multinationaler Unternehmen vor, wirken aber einer räumlichen Trennung der einzelnen Wertschöpfungspro-

---

[180] Gem. Treas. Reg. Sec. 1.954-3(a) Income Included - (1).

[181] Gem. Treas. Reg. Sec. 1.954-3(a)(1)(ii) Special rule - (a).

[182] Gem. Treas. Reg. Sec. 954(c)(1)(C) i.V.m. 954(c)(1)(B).

[183] Gem. Treas. Reg. Sec. 1.954-2(f)(1)(ii) i.V.m. 1.954-2(f)(2)(iii)(B)(1)-(3).

[184] Vgl. KLEINBARD (2013), S. 1526.

[185] Vgl. HICKS/SOTOS (2009), S. 29.

[186] Der Begriff „Stateless Income" wird von Edward Kleinbard, Ex-Stabchef des Joint Committee on Taxation, geprägt (siehe dazu: KLEINBARD (2011), Stateless Income; KLEINBARD (2013), Through a Latte Darkly, Starbucks's Stateless Income Planning).

[187] Vgl. HICKS/SOTOS (2009), S. 31-32.

zesse vehement entgegen, um zu erreichen, dass die Verkaufsaktivität dem Ort des stattfindenden Produktionsprozesses entspricht.[188] Die Anreizwirkung zur Ausnutzung des Steuergefälles und der damit verbundenen Senkung der Steuerbelastung für den erzielten Gewinn, kann damit vereitelt werden. Im Rahmen der künstlichen Gewinnverlagerungsmethodik – auch als *Tax Rate Shopping*[189] bekannt – lässt man den hauptsächlichen Wertschöpfungsprozess in der hochbesteuernden Jurisdiktion stattfinden und den steuerlich gewichtigen Part in einem Niedrigsteuerland anfallen. Eine bewusste Intention, die Vertriebstätigkeit vom Produktionsprozess zu trennen, spricht für ein rein steuerplanerisches Motiv.[190] Dieses Motiv ist auch im Fall Starbucks evident, da der Vertriebsprozess über die Starbucks Trd. in der Schweiz abgewickelt wird, der Herstellungsprozess jedoch in den Niederlanden in der Starbucks Mfg. stattfindet. Dieses Splitten der Prozesse scheint gerade dann absurd, betrachtet man die Tatsache, dass die Kaffebohnen sich physisch niemals in der Schweiz befinden.[191]

Die Steuerbehörden befürchten eine Tendenz zur Fragmentierung der Unternehmensproduktion, bei der das wertschöpfende Steuersubstrat in Niedrigsteuerländer verlagert und die multinationale Steuer-BMG erodiert wird. Imm. WG können, angesichts ihres dynamischen Charakters, geografisch von den Produktionsstätten isoliert werden und schaffen die Möglichkeit für MNUs, zusätzl. Gewinne in die in Niedrigsteuerländern angesiedelten, produzierenden TochterG zu transferieren.[192]

---

[188] Vgl. KAYWOOD JR. (2009), S. 37, 39.

[189] Vgl. EICKE (2008), S. 51.

[190] Vgl. HICKS/SOTOS (2009), S. 27, 31-32.

[191] Vgl. HOUSE OF COMMONS (2012), Q260-261, Q293.

[192] Vgl. DISCHINGER/RIEDEL (2011), S. 692.

6. Steuerliche Situation der Starbucks Coffee Deutschland GmbH

Die Starbucks Coffee Deutschland GmbH mit Firmensitz in Bayern ist eine 100 %-Tochter der Starbucks Coffee Holdings EMEA BV, Niederlande, deren Mutterkonzern die Starbucks US Corporation ist. Der Jahresabschluss von Starbucks Deutschland wird direkt in den konsolidierten Konzernabschluss der Starbucks Corp. USA mit einbezogen.[193] Nicht nur in Großbritannien, sondern auch am deutschen Markt ist die Kaffehauskette mit Nullgewinnen präsent und hat trotz lukrativer Geschäfte seit 2002 hierzulande noch nie Ertragssteuern gezahlt.[194]

6.1 Ertragsgenerierung und Steuerminimierungsstrategien

Das Management verfolgt eine wertorientierte Unternehmenssteuerung mit Kennzahlensystemen, denen neben Erfolgskennzahlen auch konzerninterne Parameter, wie Store-Profit-Contribution, inhärent sind und die Rentabilität sicherstellen sollten. 2010 bzw. 2011 war das erfolgreichste Geschäftsjahr für Starbucks Deutschland. Trotz einer Umsatzzunahme bilanziert das Unternehmen jedoch einen Jahresfehlbetrag von 5.303.788 € (Vorjahr: 5.954.400 €)[195], sodass sich bis zum Geschäftsjahresende 2011 ein aufgelaufener Verlust von 81.384.411 € ergibt. Ursachen für das Minus sind deutlich die kontinuierlichen Investitionen in Coffee Houses und die hohen Anlaufkosten bei Neugründungen Jahr für Jahr.[196] Finanzvorstand T. Alstead macht hauptsächlich das außerordentlich hohe Mietniveau sowie Lohn- und Arbeitskosten für das Ausbleiben der Körperschaftsteuerzahlungen verantwortlich.[197] Der dt. Personalstand zum Bilanzstichtag liegt bei rund 2000 und führt zu Personalkosten i.H.v. 38.540.250 €; die sonst. betrieblichen Aufwendungen, darunter v.a. Mietkosten, betragen 49.483.653 €, welche bei der dt. TochterG zur steuerrelevanten Gewinnreduzierung genutzt werden. Gem. § 285 Nr. 3a HGB sind sonst. finanzielle Verpflichtungen im Anhang anzugeben, sofern ein Abfluss von Ressourcen erwartet wird. Bei der dt. TochterG bestehen am Ende des GJ 2011 nicht in der Bilanz ausge-

---

[193] Vgl. STARBUCKS COFFEE DEUTSCHLAND GMBH (2011), S. 1, 18.

[194] Vgl. FRANKFURTER RUNDSCHAU (2012), S. 15.

[195] Zur Entwicklung der Jahresergebnisse siehe Abb. 5 Anhang, S. 42.

[196] Vgl. STARBUCKS COFFEE DEUTSCHLAND GMBH (2006), S. 3; (2007), S. 1, 4; (2008), S. 1, 2; (2009), S. 1, 4; (2010), S. 1; (2011), S. 1.

[197] Vgl. BERGIN (2012a).

wiesene, sonst. finanzielle Verpflichtungen aus Mietverträgen von insg. 101.716.900 €.[198, 199]

Um langfristig eine Profitabilitätssteigerung zu erzielen hat das Unternehmen in den vergangenen GJ neben der Schließung einer defizitären Geschäftsstelle in neue Standorte investiert und die Coffee-House-Anzahl zum Geschäftsjahresende auf 150 gesteigert. Im Vergleich zum Vorjahr verzeichnet das Unternehmen eine Umsatzsteigerung aufgrund des florierenden Kundenverkehrs im GJ 2011 von 110.660.987 € auf 117.457.205 €, was einem durchschnittlichen Wachstum von 6,1 % entspricht. Nach Berücksichtigung des Materialaufwands ergibt sich ein Rohertrag i.H.v. 89.756.537 € in 2011, bei dem sich angesichts gestiegener Kaffeepreise ein Rückgang von 77,54 % auf 76,42 % deduzieren lässt.[200]

Die Umsatzerlöse von Starbucks Deutschland im Geschäftsjahr 2011 i.H.v. 117,5 Mio. € und die in 2011 zusätzl. eröffneten 8 neuen Coffee Stores[201] implizieren Lizenzgebührzahlungen an die nl. MutterG von etwa 7.247.432 €.[202] Ohne Gewinnverschiebungen würde dies nach Berechnungen von Mitgliedern der Grünen Fraktion im EU-Parlament Gewinne von ca. 5 Mio. € für Deutschland bedeuten.[203] Diese unternehmerischen Einkünfte würden zu Unternehmensteuern von ungefähr 1,5 Mio. €[204] führen. Konkret für den Freistaat Bayern würde dies gem. § 23 Abs. 1 KStG zu einem Körperschaftsteueraufkommen für Bund und Länder i.H.v. 791.500 € führen. Nach § 11 Abs. 2 GewStG i.V.m. § 16 Abs. 1 GewStG ergäbe sich für die in München ansässige Starbucks Coffee Deutschland GmbH eine Gewerbesteuerbelastung i.H.v. 857.500 €.[205]

Nach Berechnungen von Reuters würden im Jahr 2011 nach einem Gewinnausweis i.H.v. 40,3 Mio. $ im EMEA-Wirtschaftsraum[206] potenziell Steuerverbindlichkeiten von etwa 11 Mio. $ anfallen. Stattdessen belegen Bilanzen der europäischen Einheiten, dass nur Steuerzahlungen i.H.v. 1,2 Mio. $ in den Nieder-

---

[198] Vgl. STARBUCKS COFFEE DEUTSCHLAND GMBH (2011), S. 2, 8, 14, 17.
[199] Zur bildlichen Darstellung der Aufteilung siehe Abb. 6 Anhang, S. 43.
[200] Vgl. STARBUCKS COFFEE DEUTSCHLAND GMBH (2011), S. 2, 8, 16.
[201] Vgl. STARBUCKS CORPORATION (2011a), S. 3.
[202] Siehe Nebenrechnung 3 im Anhang, S. 34.
[203] Vgl. GIEGOLD (2013), S. 4.
[204] Siehe Nebenrechnung 4 im Anhang, S. 35.
[205] Siehe Nebenrechnung 5 im Anhang, S. 35.
[206] Vgl. STARBUCKS CORPORATION (2012), S. 37.

landen ausgeführt und Verluste akkumuliert werden, um zukünftige Steuerrechnungen der TochterG in Hochsteuerjurisdiktionen (z.b. Starbucks Deutschland) entsprechend zu reduzieren.[207] Vor allem amerikanische Großkonzerne versuchen die bestehenden steuerlichen Standortunterschiede voll auszunutzen, indem sie innerhalb des Konzernverbunds dort investieren, wo ihnen die vorteilhaftesten Bedingungen geboten werden.[208] Zur effektiven Steuerung der Konzernaktivitäten in Deutschland stellt dessen nl. MutterG Starbucks Holdings EMEA BV auf die bekannten konzernspezifischen Steuerminimierungsmethoden ab, die *Zinszahlungen* aus *konzerninternen Darlehen*[209] und *Lizenzgebührenzahlungen* betreffen.

Unter Verbindlichkeiten gegenüber verbundenen Unternehmen werden Darlehensverbindlichkeiten einschließlich Zinsen gegenüber dem Gesellschafter, der Starbucks Coffee EMEA BV und der Starbucks Mfg. EMEA BV in den Niederlanden, sowie gegenüber der Starbucks Coffee Company in den USA ausgewiesen. Dieser Bilanzposten von 30.436.922 € scheint gegenüber der Bilanzsumme von 46.753.608 € exorbitant hoch. Eine eigenständige Teilkomponente im Zinsergebnis stellen die FK-Zinsen i.H.v. 1.078.676 € dar, die aus der Darlehensgewährung von verbundenen Unternehmen stammen und innerhalb einer monatlichen Zinsperiode mit dem EURIBOR-Zinssatz + 2,5 % -/ 3,0 %-Punkte verzinst werden.[210] Diese über Kredite finanzierten Geschäftstätigkeiten führen also wiederum zu Kapitalrückflüssen in die Niederlande und der Zinsaufwand verbleibt in Deutschland.

Die Lizenzgebührenzahlungen zur Nutzung des Markenrechts sind künstliche Buchungen der Konzerngesellschaft aus dem deutschen Hochsteuerstaat in die Niedrigsteuerjurisdiktion der Niederlande.[211] Auch die dt. TochterG nutzt innerkonzernliche Transfers zur Gewinnverschiebung, die hauptsächlich Lizenzgebührenzahlungen i.H.v. 6 % + 25.000 € pro lokale Einheit an die zwischengeschaltete nl. MutterG betreffen.[212] Auf diese Zinszahlungen und Lizenzgebühren werden keine QSt erhoben und die Zahlungen werden so innerhalb des Kon-

---

[207] Vgl. BERGIN (2012b).
[208] Vgl. BURMESTER (1997), S. 678.
[209] Siehe dazu auch Anhang Abb. 3, S. 40.
[210] Vgl. STARBUCKS COFFEE DEUTSCHLAND GMBH (2011), S. 2, 8-9, 14, 17-18.
[211] Vgl. DISCHINGER/RIEDEL (2011), S. 700.
[212] Vgl. BERGIN (2012b).

zernverbundes entlastet. Die MTRl postuliert, dass für Dividendenausschüttungen innerhalb der EU auf QSt verzichtet wird, d.h. der Ansässigkeitsstaat der Tochtergesellschaft darf keine QSt auf Ausschüttungen erheben und der Sitzstaat der Muttergesellschaft muss die empfangenen Dividenden freistellen. Da der Mutterkonzern Starbucks Holdings EMEA BV 100% der Beteiligung an Starbucks Deutschland besitzt und sowohl die Mindestbeteiligungsfrist als auch die Ansässigkeit in EU-Staaten vorliegen, sind die Voraussetzungen für die Anwendbarkeit der MTRl kumulativ erfüllt;[213] somit erhebt Deutschland 0 % QSt auf Lizenzzahlungen in die Niederlande.

6.2 Verlustvorträge in Verbindung mit internationaler Gewinnverlagerung

Starbucks EMEA übernimmt die Durchführung des Cash Managements und deckt den Finanzmittelbedarf der deutschen Kaffeehausfilialen. Die Kernaufgabe der Liquiditätsdisposition beinhaltet neben der reinen Investitionstätigkeit für neue Coffee Houses auch die finanzielle Versorgung über Darlehen und Kapitaleinlagen von Starbucks Deutschland. Die Position Eigenkapital umfasst im GJ 2011 ein Stammkapital i.H.v. 6,1 Mio. €, eine Kapitalrücklage i.H.v. 79,1 Mio. €, Verlustvorträge i.H.v. 76,1 Mio. € und einen Jahresfehlbetrag i.H.v. 5,3 Mio. €.[214] Der dt. TochterG werden die Finanzmittel über außenfinanzierte Eigenfinanzierung in Form von Beteiligungs- und Einlagenfinanzierung zugeführt, wodurch es zu einem hohen Verschuldungsgrad von etwa 704 %[215] kommt.[216] Der anhaltend hohe Schuldengrad sei eine Funktion der deutschen TochterG, sodass angesichts der äußerst instabilen Kapitalstruktur und der schwachen Rentabilität eine Kapitaleinlage durch die MutterG in das Unternehmen zwingend erforderlich ist.[217] Dem weltweit führenden Kaffee-Giganten gelingt es auf diese Weise, sich in zahlreichen Staaten eine sehr dominante Marktstellung zu erkaufen.

Aufgrund der Tatsache, dass dt. Gewinnsteuersätze innerhalb der EU u.a. zu den höchsten gehören, besteht ein Anreiz, das Steuersubstrat aus dem hoch besteu-

---

[213] Vgl. § 43b EStG.
[214] Vgl. STARBUCKS COFFEE DEUTSCHLAND GMBH (2011), S. 2, 8, 12.
[215] Siehe Nebenrechnung 6 im Anhang, S. 36.
[216] Vgl. PERRIDON/STEINER (1991), S. 273-274.
[217] Vgl. BERGIN (2012b).

ernden Deutschland in Niedrigsteuerstaaten zu transferieren, was einen stetigen Anstieg der Verlustvorträge begründet.[218]

Die bestehenden VV und das negative Jahresergebnis des GJ implizieren keine Steuerverbindlichkeiten und führen zur Befreiung der KSt. Neben den hohen VV mindern die zur Abgrenzung von periodenübergreifenden Erfolgsvorgängen gebildeten Rückstellungen i.H.v. 8,2 Mio. € den steuerpflichtigen Gewinn; abgesehen von den Management-Bonuszahlungen wurden, wie in den Vorjahren, hauptsächlich Drohverlustrückstellung für Mietverpflichtungen für vorzeitig geschlossene Stores gebildet.[219] Aufgrund der massiven Verlustsituation in den Vorjahren, die auch für Folgejahre Steuerzahlungen von null impliziert, sollte – angesichts der von deutschen Finanzbehörden zum Ausdruck gebrachten Besorgnis – eine zeitliche Begrenzung der Vortragsfähigkeit von Verlusten durchgesetzt werden.[220] Trotz eines teilweise positiven Cashflows beträgt der VV am Bilanzstichtag 76.080.622,93 €, der ausgewiesene Jahresfehlbetrag 2010/2011 i.H.v. 5.303.788,30 € soll auf neue Rechnung vorgetragen werden.[221,222]

In Anlehnung an die Verfahrensweisen des Britischen Parlaments, das Ende des Jahres 2012 die Unternehmen Starbucks, Amazon und Google zum Rapport im Parlament geladen hatte, fordert auch der Finanzausschuss des Deutschen Bundestags von Seiten des Starbucks-Konzerns eine Stellungnahme zum Steuergestaltungverhalten.[223] Mit seiner Weigerung an der Anhörung verstärkt sich das Misstrauen gegenüber der Steuermoral von Starbucks; für mittelständische Bertriebe entsteht ein Wettbewerbsnachteil, da diese die gültigen Steuersätze nicht durch Gewinnverlagerung ins Ausland umgehen können.[224] Auf EU-Ebene sollen im Rahmen eines Country-by-Country Reportings erzielte Umsätze nach Ländern ausgewiesen werden[225] und neben den gezahlten Gewinnsteuern auch

---

[218] Vgl. OVERESCH/WAMSER (2006), S. 1-3; durch die Thin Capitalization-Regelungen kann ein Profitieren von Steuersatzdifferenzen begrenzt werden. Die Verlagerung von Zinsaufwand nach Deutschland wird durch die Zinsschranke gemäß § 4h EStG beschränkt.

[219] Vgl. STARBUCKS COFFEE DEUTSCHLAND GMBH (2011), S. 2, 8, 13.

[220] Vgl. BERGIN (2012b).

[221] Vgl. STARBUCKS COFFEE DEUTSCHLAND GMBH (2011), S. 8, 12.

[222] Zur zusammenfassenden grafischen Darstellung der Ertragslage siehe Abb. 7 Anhang, S. 44-45.

[223] Vgl. BUNDESTAGSFRAKTION BÜNDNIS 90/ DIE GRÜNEN (2013a).

[224] Vgl. BUNDESTAGSFRAKTION BÜNDNIS 90/ DIE GRÜNEN (2013b).

[225] Vgl. PACKMAN (2012), S. 26-27.

Lizenzgebühren, Finanzierungskosten und Dividendenausschüttungen in die Berichtspflicht eingehen, um mit mehr Transparenz bspw. auch die Verhaltensweisen von Starbucks zu unterbinden, die die Gewinne am Fiskus vorbeilenken und den Steuersatz in Deutschland gegen null senken.[226] Viele europäische Nationen scheinen aufgrund Gewinnverschiebungen durch multinationale Unternehmen Umsatzsteigerungen und höhere KSt-Einnahmen zu erwirtschaften, was sehr zu Lasten Deutschlands wirkt. Insbesondere Deutschland, als Volkswirtschaft mit einem der höchsten Steuersätze im Jahr 1999, muss aufgrund int. Einkommensverlagerungen eine deutliche Absenkung des Steueraufkommens hinnehmen.[227]

---

[226] Vgl. GAMBKE (2012).

[227] Vgl. HUIZINGA/LAEVEN (2008), S.1164, 1166, 1180.

7. Ausblick

Aufgrund der Tatsache, dass der Binnenmarkt und die Globalisierung die Rahmenbedingungen für die Unternehmensbesteuerung in der EU verändert haben, plädiert die Europäische Union dafür, steuerliche Wachstumshemmnisse durch eine Gemeinsame Konsolidierte Körperschaftsteuer-Bemessungsgrundlage (GKKB) zu beseitigen und veröffentlicht dazu 2011 den korrespondierenden RL-Entwurf. Die Funktion des Binnenmarktes wird durch hohe Kosten beeinträchtigt, die durch die Einhaltung von Verrechnungspreisvorschriften nach dem Fremdvergleichsgrundsatz entstehen.[228]

Zur Überwindung dieser unternehmensteuerlichen Kontrarietäten lässt die GKKB Konzernen die Option zuteilwerden, die steuerliche BMG ihrer gesamten EU-Konzernunternehmen anhand einer einheitlichen Regelungsvorschrift zu ermitteln und des Weiteren zu konsolidieren.[229] Die Aufteilung der konsolidierten BMG auf die EU-Gruppenmitglieder erfolgt mit Hilfe eines wertschöpfungsorientierten Schlüssels.[230] Im Ergebnis soll durch diese Allokationsmethodik auf den einzelnen zugeteilten Gewinn sodann der nationale KSt-Satz angewendet werden.[231]

Der Vorteil einer einheitlichen Steuer-BMG liegt in der Reduzierung der Befolgungskosten und damit im administrativen Bereich.[232] Die Steuerbehörden müssten somit anstelle 27 nationaler Ertragsteuerrechte just ein Gewinnermittlungsrecht anwenden und eine etwaige Doppel- oder Nichtbesteuerung – aufgrund von Friktionen zw. den unterschiedlichen nationalen Steuerrechten bei den über Staatsgrenzen hinausgehenden Transaktionen – sollte durch die Vereinheitlichung unterbleiben.[233] Außerdem wird bei der Entwicklung einer konsolidierten BMG auf europäischer Ebene ein systemimmanenter grenzüberschreitender Verlustausgleich möglich.[234]

---

[228] Vgl. EUROPÄISCHE KOMMISSION (2011), S. 4.

[229] Vgl. LENZ/RAUTENSTRAUCH (2011), S. 726.

[230] Vgl. SCHEFFLER/KREBS (2011), S. 13.

[231] Vgl. LENZ/RAUTENSTRAUCH (2011), S. 727.

[232] Vgl. JACOBS et al. (2011), S. 237.

[233] Vgl. LENZ/RAUTENSTRAUCH (2011), S. 727.

[234] Vgl. CZAKERT (2008), S. 446.

Durch das vorgeschlagene gemeinsame Konzept würde für die Kohärenz der nationalen Steuersysteme gesorgt, ohne dass die Steuersätze harmonisiert würden. Zugleich bietet ein fairer Wettbewerb im Steuerbereich auf der Grundlage von Steuersätzen mehr Transparenz. Eine GKKB würde die int. Gewinnverlagerung innerhalb der EU reduzieren[235], den Unternehmen weniger Möglichkeiten zur Steuerplanung durch Verrechnungspreise beimessen und die Ausnutzung von Unterschieden in den Steuersystemen der Mitgliedstaaten obsolet werden lassen.[236]

Die Ausführungen zeigen, dass ein auf int. Ebene abgestimmter Lösungsansatz zur Vermeidung aggressiver Steuerminimierungsstrategien angestrebt werden muss und nationalstaatliche Eigenmächtigkeit zu keinen angemessenen Besteuerungsergebnissen führen kann. Eine einvernehmliche Lösung und eine gesamthafte Eindämmung der Finanzinnovation steuerplanender Instanzen kann gleichwohl nicht angenommen werden,[237] denn zu einem konzentrierten Vorgehen existiert letztendlich keine Alternative.

---

[235] Vgl. HUIZINGA/LAEVEN (2008), S.1181.
[236] Vgl. EUROPÄISCHE KOMMISSION (2011), S. 4, 6-7.
[237] Vgl. RICHTER/HONTHEIM (2013), S. 1263.

Anhang

A. Nebenrechnungen

Nebenrechnung 1:

Berechnung des effektiven Gesamtsteuersatzes in Anlehnung an STARBUCKS CORPORATION (2012), S. 80-81:

EBT $_{global}$	2,059 Mrd. $
↳ dauerhafte Steuerbegünstigungen: 3,3 %	68 Mio. $
EBT $_{Ausland}$	379,5 Mio. $
↳ KSt-Zahlung: 35 %	133 Mio. $
Steuerzahlungen	133 Mio. $
./. Steuerbegünstigungen durch Auslandstransaktionen	68 Mio. $
= ausländischer Steueraufwand	65 Mio. $

ausländischer Steuersatz: $\frac{65 \text{ Mio.} \$}{379,5 \text{ Mio.} \$} = 0,1713 \approx 17\%$

Nebenrechnung 2:

Berechnung des prozentualen Anteils der Lizenzgebührzahlungen von Starbucks Coffee EMEA BV an Alki LP anhand der Gewinn- und Verlustrechnung, nach STARBUCKS COFFEE EMEA B.V. AMSTERDAM (2012), S. 9, 19:

GJ 2011:

$\frac{45.797.479 \text{ € (Lizenzgebührzahlungen bzw. sonst. Aufwendungen)}}{72.915.171 \text{ € (Umsatzerlöse)}} = 0,62809 \approx 63\%$

GJ 2012:

$$\frac{43.174.515\ \text{€ (Lizenzgebührzahlungen bzw. sonst. Aufwendungen)}}{84.731.651\ \text{€ (Umsatzerlöse)}} = 0{,}50954 \approx 51\ \%$$

Nebenrechnung 3:

Berechnung der Lizenzgebührzahlungen i.H.v. 6 % der Umsatzerlöse + 25.000 € pro lokale Einheit:

117.457.205,27 € * 6 % + (25.000 € * 8) = 7.247.432,312 €

Nebenrechnung 4:

Berechnung der Steuerbelastung auf einen potenziellen Unternehmensgewinn i.H.v. 5.000.000 €.

Unternehmensteuersatz in Deutschland (Körperschaftsteuern, Gewerbeertragsteuern und vergleichbare weitere Steuern des Zentralstaats und der Gebietskörperschaften) in Anlehnung an BMF (2013a), S. 18:

Staat	Zentralstaat	Gebietskörperschaften	Zusammen
Deutschland	15,83 % (Inklusive 5,5 % Solidaritätszuschlag)	14 %	29,83 %

Unternehmensteuer: 5.000.000 € * 29,83 % = 1.491.500 €

Nebenrechnung 5:

Stadt	Körperschaftsteuer	Gewerbesteuer	Σ
München	15,83 % (Inklusive 5,5 % Solidaritätszuschlag)	17,15 %[238]	32,98 %

KSt: 5.000.000 € * 15,83 % = 791.500 €

GewSt: 5.000.000 € * 17,15 % = 857.500 €[239]

Nebenrechnung 6:
Berechnung des statischen Verschuldungsgrades nach GÜNTHER/ SCHITTENHELM (2003), S. 64-65:

$$\text{Verschuldungsgrad} = \frac{\text{Fremdkapital}}{\text{Eigenkapital}} * 100\ \%$$

$$\frac{8.240.560{,}42\ € + 34.697.458{,}72\ €}{6.100.000{,}00\ €} * 100\ \% = 703{,}9\ \%$$

---

[238] Der Berechnung liegt der aktuelle Gewerbesteuerhebesatz in München von 490 % i.V.m. der aktuell gültigen Steuermesszahl von 3,5 % zugrunde.

[239] Betrag ohne Berücksichtigung von steuerlichen Hinzurechnungen, Kürzungen, Verlustvorträgen.

B. Abbildungen

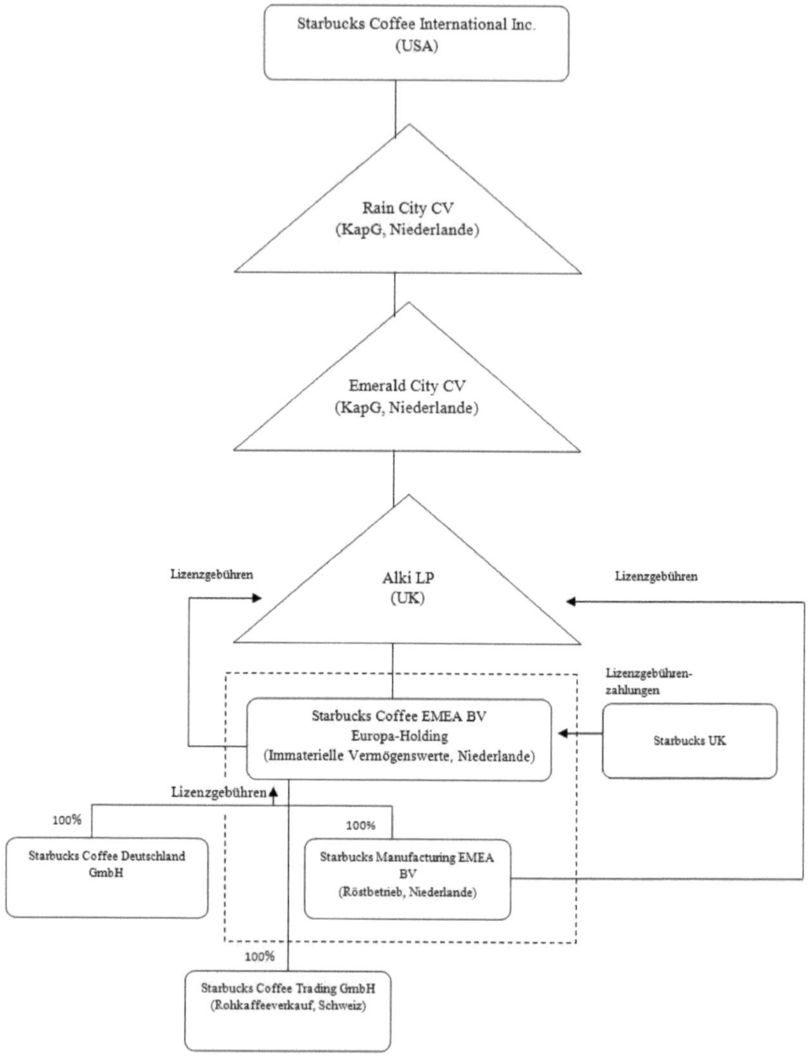

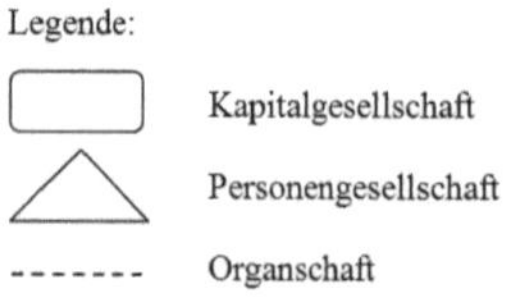

Abb. 1: Interne Konzernstruktur der Starbucks-Gruppe, in Anlehnung an KLEINBARD (2013), S. 1522

Besteuerungskriterien	Holdingstandort Niederlande
Regelbesteuerung auf nicht steuerbefreites Holding-Einkommen	25 %; 10 % für konzerninterne Lizenzen
Quellensteuer auf Dividenden innerhalb der EU	0 %, sofern mind. 5% Beteiligung
Quellensteuer auf Dividenden in die USA bei qualifizierter Beteiligung	0 %, sofern mind. 80 % Beteiligung ununterbrochen in den letzten 12 Monaten
Steuerfreiheit von Auslandsdividenden	ja, sofern – mind. 5 % Beteiligung – nicht > 50 % Portfolio-Wirtschaftsguter und – ausländischer Steuersatz ist nicht < 10 %
Steuerfreiheit von Veräußerungsgewinnen aus:	
– Inlandsbeteiligungen	ja, sofern – mind. 5 % Beteiligung – nicht > 50 % Portfolio-Wirtschaftsguter und – Steuersatz ist nicht < 10 %
– Auslandsbeteiligungen	ja, sofern – mind. 5 % Beteiligung – nicht > 50 % Portfolio-Wirtschaftsguter und – ausländischer Steuersatz ist nicht < 10 %
Kapitalsteuer – auf Kapitaleinlagen	0 %
– auf Einbringung von Auslandsbeteiligungen	0 % unter bestimmten Voraussetzungen
Abzugsfähigkeit von Finanzierungskosten für Auslandsbeteiligungen	abzugsfähig im Rahmen von base erosion test

Abb. 2: Besteuerungskriterien am Holdingstandort Niederlande, in Anlehnung an JACOBS et al. (2011), S. 1047-1057

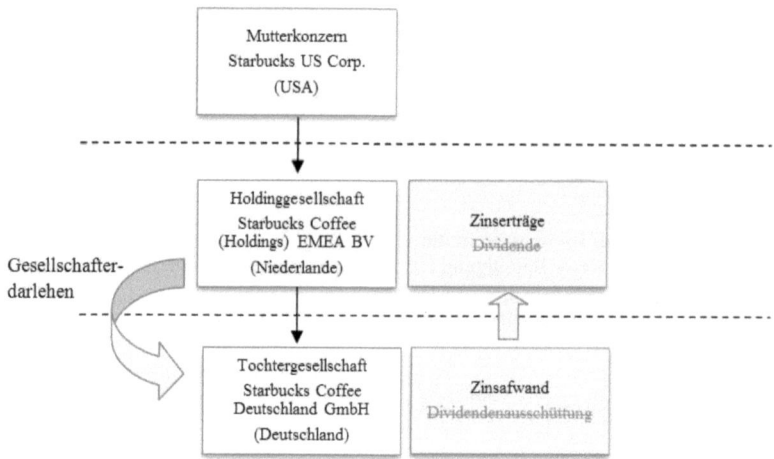

Abb. 3: Rule Shopping, eigene Bearbeitung nach BRÄHLER (2012), S. 373

Anmerkung zu Abb. 3:

Der Mutterkonzern Starbucks Corp. versorgt die nl. Holding mit Liquidität, diese wiederum stellt den operativen Grundeinheiten, bspw. der Starbucks Coffee Deutschland GmbH, ein Gesellschafterdarlehen zu Verfügung. Dabei wird die Gewinnausschüttung der TochterG in Zinsaufwand transformiert und Zinserträge bei Starbucks Holdings EMEA quellensteuerfrei vereinnahmt. In diesem Niedrigsteuerland werden die Erträge thesauriert, oder gegebenenfalls als Dividende repatriierte Zinserträge an Starbucks Corp. zurückgeführt.

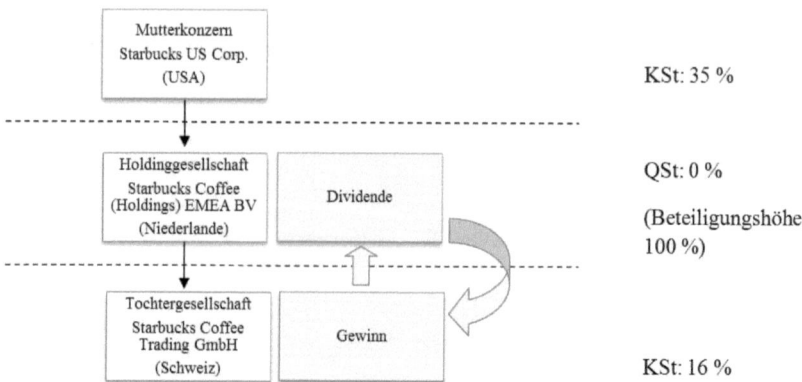

Abb. 4: Deferral Shopping, eigene Bearbeitung nach BRÄHLER (2012), S. 376

Anmerkung zu Abb. 4:

Vermeidung des Heraufschleusens auf das höhere Steuerniveau der USA und Ausnutzung der Zinsvorteile durch Reinvestition der Gewinne bei der zwischengeschalteten niederländischen Holdinggesellschaft.

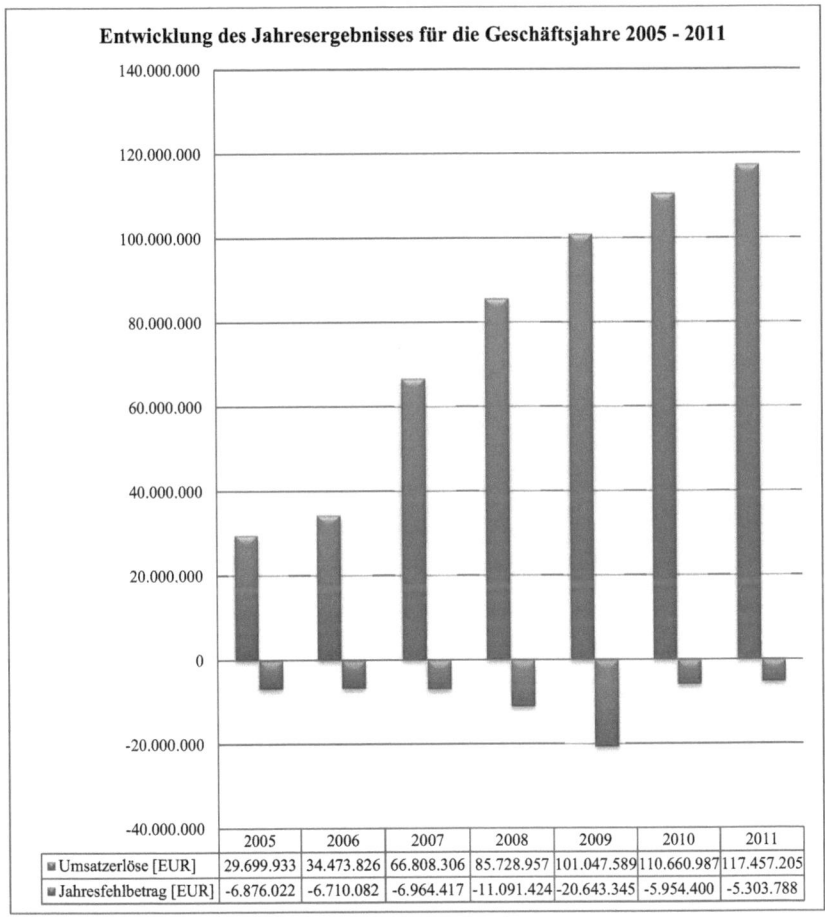

Abb. 5: Entwicklung der Jahresergebnisse der Starbucks Coffee Deutschland GmbH

Anmerkung zu Abb. 5:

Trotz stetigem Umsatzwachstum seit dem GJ 2005, schließt der Konzern Starbucks jährlich mit einem negativen Jahresergebnis ab. Die hohen Ausgaben führen nach Abzug der Einnahmen im GJ 2011 zum bisher geringsten, aber dennoch nennenswerten Jahresfehlbetrag, der hauptsächlich auf die Investitionen in neue Kaffeehausfilialen und deren hohe Anlaufkosten zurückzuführen ist.

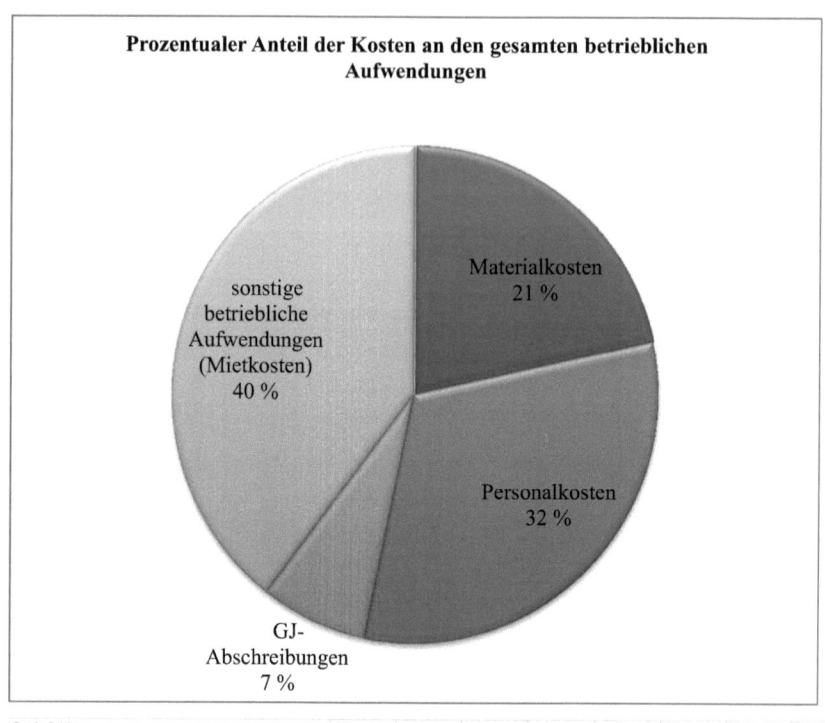

Geschäftsjahr	2005	2006	2007	2008	2009	2010	2011	Mittelwert
	EUR	EUR	EUR	EUR	EUR	EUR	EUR	EUR
Betriebsaufwendungen gesamt	36.834.863	41.908.624	73.724.111	95.796.609	120.758.906	117.466.257	123.009.086	87.071.208
davon Materialkosten	6.944.599	8.937.934	17.755.936	20.784.440	24.357.292	24.850.954	27.700.668	18.761.689
davon Personalkosten	12.308.056	13.590.675	24.296.331	31.733.764	36.170.952	36.208.884	38.540.249	27.549.844
davon GJ-Abschreibungen	3.461.632	3.034.374	5.472.286	7.071.524	9.580.714	7.829.598	7.284.517	6.247.806
davon sonstige betriebliche Aufwendungen (Mietkosten)	14.120.576	16.345.641	26.199.558	36.206.881	50.649.948	48.576.821	49.483.653	34.511.868

Abb. 6: Aufteilung der gesamten betrieblichen Aufwendungen

Anmerkung zu Abb. 6:

Die Aufteilung der Kostenpositionen entspricht dem prozentualen Anteil am Gesamtbetriebsaufwand im Mittel. Diese Betrachtung ergibt sich unter Einbezug der Jahresabschlüsse der Starbucks Coffee Deutschland GmbH für die Geschäftsjahre 2005-2011.

Ertragslage im Unternehmen Starbucks Coffee Deutschland GmbH

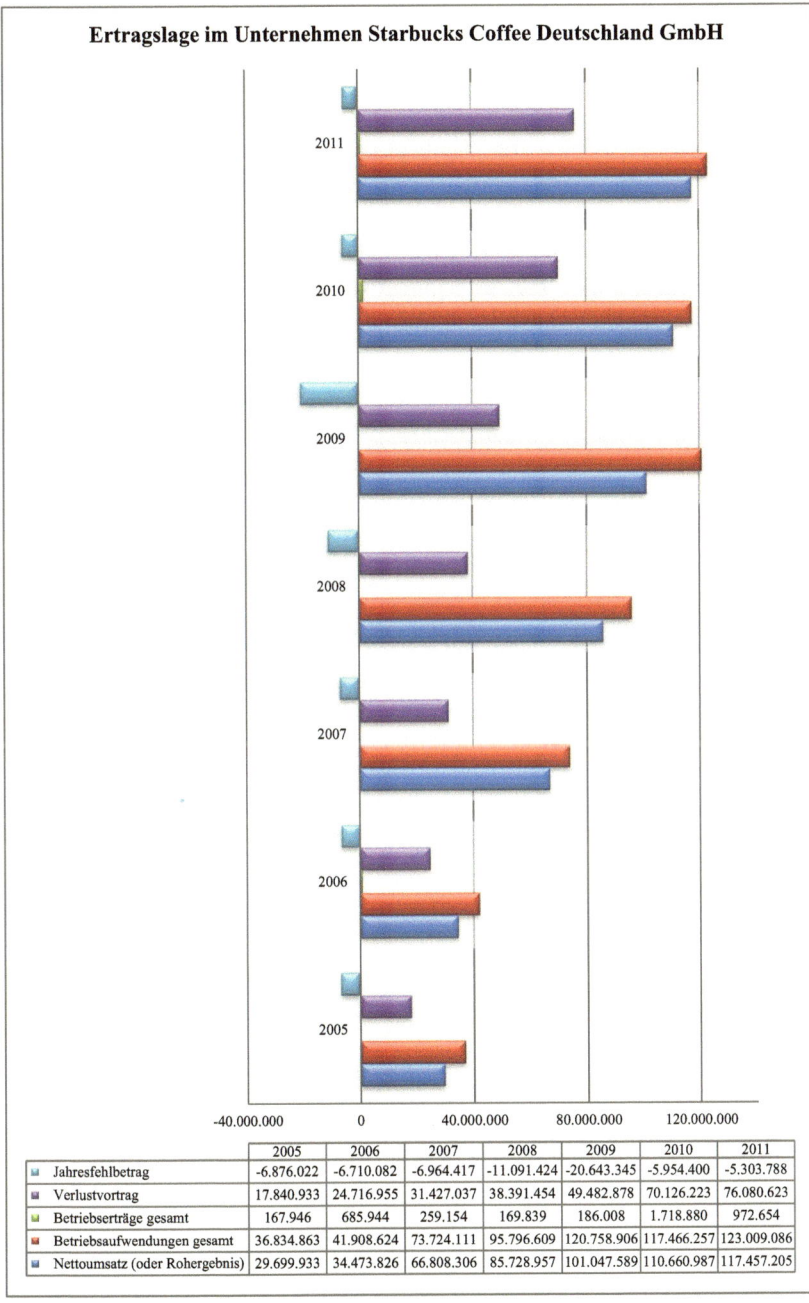

	2005	2006	2007	2008	2009	2010	2011
Jahresfehlbetrag	-6.876.022	-6.710.082	-6.964.417	-11.091.424	-20.643.345	-5.954.400	-5.303.788
Verlustvortrag	17.840.933	24.716.955	31.427.037	38.391.454	49.482.878	70.126.223	76.080.623
Betriebserträge gesamt	167.946	685.944	259.154	169.839	186.008	1.718.880	972.654
Betriebsaufwendungen gesamt	36.834.863	41.908.624	73.724.111	95.796.609	120.758.906	117.466.257	123.009.086
Nettoumsatz (oder Rohergebnis)	29.699.933	34.473.826	66.808.306	85.728.957	101.047.589	110.660.987	117.457.205

Abb. 7: Finanztechnische Perspektive im Unternehmen Starbucks Coffee Deutschland GmbH

Anmerkung zu Abb. 7:

Aus den Jahresabschlüssen der Starbucks Coffee Deutschland GmbH (2006-2011) ergibt sich die obig dargestellte Ertragslage. Trotz stetiger Umsatzsteigerungen erwirtschaftet das Unternehmen ein negatives Jahresergebnis. Der Jahresfehlbetrag für die einzelnen Geschäftsjahre resultiert aus der Differenz zw. den kumulierten Erträgen und den höheren kumulierten Aufwendungen. Zu den Aufwendungen zählen hauptsächlich sonstige betriebliche Aufwendungen (Mieten), Personalaufwand und Abschreibungen. Der Verlustvortrag repräsentiert den Verlust des Vorjahres und wird im folgenden GJ zum Verlust des aktuellen GJ hinzuaddiert. Durch die kontinuierliche Nutzung des Verlustvortrags und der Tatsache, dass das Ergebnis der normalen Geschäftstätigkeit jährlich negativ ist, fallen keine Steuern an.

Literaturverzeichnis

BADER, Axel/TÄUBER, Janine (2011): Steuerplanung mit Holdinggesellschaften, Analyse attraktiver Holding-Standorte in Europa – Niederlande, in: IWB 23 (2011), S. 886 – 890.

BERGIN, Tom (2012a): How Starbucks avoids UK taxes, in: Reuters, Special Report, 15 October 2012, http://www.reuters.com/article/2012/10/15/us-britain-starbucks-tax-idUSBRE89E0EX20121015

BERGIN, Tom (2012b): Starbucks's European tax bill disappears down $100 million hole, in: Reuters, Special Report, 1 November 2012, http://www.reuters.com/article/2012/11/01/us-starbucks-tax-europe-idUSBRE8A00DP20121101

BERNHARDT, Lorenz (2012): Finanztransaktionen im Visier der Betriebsprüfung, in: PwC Steuern+Recht 5 (2012), S. 8 – 10

BMF (Hrsg.) (2013a): Die wichtigsten Steuern im internationalen Vergleich 2012, Ausgabe 2013, Berlin 2013

BMF (Hrsg.) (2013b): Initiative für fairen internationalen Steuerwettbewerb, Monatsbericht 20.09.2013

BRÄHLER, Gernot (2012): Internationales Steuerrecht, Grundlagen für Studium und Steuerberaterprüfung, 7. Auflage, Wiesbaden 2012

BREMER, Sven (1996): Der Holdingstandort Bundesrepublik Deutschland, Eine vergleichende Analyse der Besteuerung europäischer Holdingstandorte, Frankfurt am Main 1996

BUNDESTAGSFRAKTION BÜNDNIS 90/ DIE GRÜNEN (Hrsg.) (2013a): Starbucks und Deutsche Bank zum Thema Steuergestaltung im Finanzausschuss, Pressemitteilung 15.03.2013, Berlin, http://www.gruene-bundes-tag.de/presse/pressemitteilungen_ID_2000147/2013/maerz/starbucks-und-deutsche-bank-zum-thema-steuergestaltung-im-finanzausschuss_ID_4387780.html

BUNDESTAGSFRAKTION BÜNDNIS 90/ DIE GRÜNEN (Hrsg.) (2013b): Starbucks verweigert Stellungnahme im Deutschen Bundestag zum Thema „aggressive Steuergestaltung", Pressemitteilung 20.03.2013, Berlin, http://www.gruene-bundestag.de/presse/pressemitteilungen_ID_2000147/2013/maerz/starbucks-verweigert-stellungnahme-im-deutschen-bundestag-zum-thema-aggressive-steuergestaltung_ID_4387851.html

BURMESTER, Gabriele (1997): Steuerliche Aspekte der Finanzierung international tätiger Unternehmen, in: Unternehmen Steuern, Festschrift für Hans Flick, hrsg. v. Franz KLEIN u. a., Köln 1997, S. 659 – 678

BUTERA, Thomas A. (2011): Extension of the Look-through Exception and Active Finance Exception to Subpart F, in: Tax Stringer 2 (6) (2011)

CHASAN, Emily (2012): At Big U.S. Companies, 60% of Cash Sits Offshore: J.P. Morgan, in: WSJ, CFO Journal, 17 May 2012, http://blogs.wsj.com/cfo/2012/05/17/at-big-u-s-companies-60-of-cash-sits-offshore-j-p-morgan/

CZAKERT, Ernst (2008): Ansatz der CCCTB working group zur Harmonisierung der Steuerbemessungsgrundlage in Europa, in: BFuP 60 (5) (2008), S. 433 – 448

DER BETRIEB (2013): OECD-Steuerausschuss beschließt BEPS-Aktionsplan, in: DB 28 (2013), S. 15

DISCHINGER, Matthias/RIEDEL, Nadine (2011): Corporate taxes and the location of intangible assets within multinational firms, in: Journal of Public Economics 95 (7-8) (2011), S. 691 – 707

DONOHOE, Michael P./MCGILL, Gary A./OUTSLAY, Edmund (2012): Through A Glass Darkly: What Can We Learn About A U.S. Multinational Corporation's International Operations From Its Financial Statement Disclosures?, in: National Tax Journal 65 (4) (2012), S. 961 – 984

EICKE, Rolf (2008): Tax Planning With Holding Companies – Repatriation of US Profits from Europe: Concepts, Strategies, Structures, Alphen Aan Den Rijn 2008

ENDRES, Dieter/ DORFMÜLLER, Pia (2001): Holdingstrukturen in Europa, in: PIStB 4 (2001), S. 94 – 103

ERNST & YOUNG (Hrsg.) (2010): Global Transfer Pricing Survey 2010, Addressing the challenges of globalization, o.O. 2010

ERNST & YOUNG (Hrsg.) (2012): The 2012 worldwide corporate tax guide, o.O. 2012

EUROPÄISCHE KOMMISSION (2011): Vorschlag für eine Richtlinie des Rates über eine Gemeinsame konsolidierte Körperschaftsteuer-Bemessungsgrundlage (GKKB), Brüssel, KOM(2011) 121/4, 2011/0058 (CNS), http://ec.europa.eu/taxation_customs/resources/documents/taxation/compan y_tax/common_tax_base/com_2011_121_de.pdf

EUROPÄISCHE KOMMISSION (2012): Mitteilung der Kommission an das Europäische Parlament und den Rat, Aktionsplan zur Verstärkung der Bekämpfung von Steuerbetrug und Steuerhinterziehung, den 6. Dezember 2012, Brüssel, COM(2012) 722 final, http://ec.europa.eu/taxation_customs/resources/documents/taxation/tax_fra ud_evasion/com_2012_722_de.pdf

FRANKFURTER RUNDSCHAU (2012): Wie Starbucks sich arm rechnet: Der amerikanische Kaffeeröster zahlt trotz guter Geschäfte kaum Steuern, in: Frankfurter Rundschau, 6. November 2012, S. 15

FROTSCHER, Gerrit (2009): Internationales Steuerrecht, 3., völlig überarbeitete Auflage, München 2009

FUEST, Clemens (2013): Besteuerung multinationaler Unternehmen: keine Alleingänge!, in: Wirtschaftsdienst 93 (3) (2013), S. 138 – 139

GAMBKE, Thomas (2012): Steuerliche Transparenz multinationaler Unternehmen, BÜNDNIS 90/ DIE GRÜNEN, Bundestagsrede, 29. November 2012, http://www.gruene-bundestag.de/parlament/bundestagsreden/2012/november/steuerliche-transparenz-multinationaler-unternehmen_ID_4386581.html

GIEGOLD, Sven (2013): Steuergerechtigkeit in Europa: Der Fall Starbucks, Bundestagsfraktion BÜNDNIS 90/ DIE GRÜNEN, 21. Februar 2013, http://www.sven-giegold.de/wp-content/uploads/2013/02/130220-Pr%C3%A4sentation-Starbucks-Steuervermeidung.pdf

GRUBERT, Harry/MUTTI, John H. (2007): The Effect of Taxes on Royalties and the Migration of Intangible Assets Abroad, National Bureau Of Economic Research, NBER Working Paper Series, WP No. 13248, Cambridge 2007

GUSTAFSON, Charles H./PERONI, Robert J./PUGH, Richard Crawford (2001): Taxation of International Transactions: materials, text, and problems, Second Edition, Saint Paul 2001

GÜNTHER, Peter/SCHITTENHELM Frank Andreas (2003): Investition und Finanzierung: Eine Einführung in das Finanz- und Risikomanagement, Stuttgart 2003

HAASE, Florian (2011): Internationales und Europäisches Steuerrecht, 3., neu bearbeitete Auflage, Hamburg 2011

HERZIG, Norbert (2003): Gestaltung der Konzernsteuerquote – eine neue Herausforderung für die Steuerberatung?, in: WPg-Sonderheft (2003), S. 80 – 92

HICKS, Hal/SOTOS, David (2009): If You Build It (or Contract to Build It) They Will Come: Final and Temporary Regulations Under Code Sec. 954(d) Address the Manufacturing Exception and Branch Rules, in: International Tax Journal 35 (3) (2009), S. 25 – 93

HINTZEN, Brigitte (1997): Die deutsche Zwischenholding als Gegenstand der internationalen Steuerplanung, Frankfurt am Main 1997

HOUSE OF COMMONS (Committee of Public Accounts) (2012): HM Revenue & Customs: Annual Report and Accounts 2011–12, Nineteenth Report of Session 2012–13, Minutes of Evidence HC 716

HUIZINGA, Harry/LAEVEN, Luc (2008): International profit shifting within multinationals: A multi-country perspective, in: Journal of Public Economics 92 (5-6) (2008), S. 1164 – 1182

INSTITUT FÜR HANDELSFORSCHUNG (Universität Köln) (2011): Betriebshandelsspanne im Einzelhandel in Deutschland nach Branchen (2009), August 2011, http://www.handelsdaten.de/statistik/daten/studie/210645/umfrage/betriebshandelsspanne-im-einzelhandel-in-deutschland-im-jahr-2009-nach-branchen/

JACOBS, Otto H. et al. (2002): Internationale Unternehmensbesteuerung, 5. Auflage, München 2002

JACOBS, Otto H. et al. (2011): Internationale Unternehmensbesteuerung, 7. Auflage, München 2011

KAYWOOD JR., Sam K. (2009): The New Proposed Contract Manufacturing Regulations Under Subpart F, in: Corporate Business Taxation Monthly 10 (4) (2009), S. 37 – 52

KELLER, Thomas (1993): Unternehmensführung mit Holdingkonzepten, 2. Auflage, Köln 1993

KESSLER, Wolfgang (1996): Die Euro-Holding; Steuerplanung, Standortwahl, Länderprofile, 1. Auflage, München 1996

KESSLER, Wolfgang (1998): Holdinggesellschaften in Europa, in: Steuerrecht und steuerorientierte Gestaltungen im Konzern, hrsg. v. Harald SCHAUMBURG, Köln 1998, S. 177 – 226

KESSLER, Wolfgang (2002): Internationale Holdingstandorte, in: Holdinggesellschaften im Internationalen Steuerrecht, hrsg. v. Harald SCHAUMBURG/Detlev Jürgen PILTZ, Band 22, Köln 2002, S. 67 – 108

KESSLER, Wolfgang (2003): Grundlagen der Steuerplanung mit Holdinggesellschaften, in: Handbuch der internationalen Steuerplanung, hrsg. v. Siegfried GROTHERR, 2. Auflage, Berlin 2003, S. 159 – 185

KIEFER, Anette (2012): Starbucks überzeugt die Analysten, Aktien unter der Lupe, in: HB Nr. 224 (2012), S. 40

KLEINBARD, Edward D. (2011): Stateless Income, in: Florida Tax Review 11 (2011), S. 699 – 773

KLEINBARD, Edward D. (2013): Through a Latte, Darkly: Starbucks's Stateless Income Planning, in: Tax Notes (2013), S. 1515 – 1535

KRAFT, Gerhard/BECK, Diana (2012a): Deutsche und US-Hinzurechnungsbesteuerung, Subpart F und die §§ 7–14 AStG im konzeptionellen Vergleich und im Spiegel aktueller Entwicklungen (Teil I), in: IWB 17 (2012), S. 629 – 640

KRAFT, Gerhard/BECK, Diana (2012b): Deutsche und US-Hinzurechnungsbesteuerung, Subpart F und die §§ 7–14 AStG im konzeptionellen Vergleich und im Spiegel aktueller Entwicklungen (Teil II), in: IWB 18 (2012), S. 682 – 688

KRAWITZ, Norbert/BÜTTGEN-PÖHLAND, Dagmar (2003): Zwischenschaltung von EU-Auslandsholdinggesellschaften als steuerorientiertes Gestaltungsinstrument bei der Finanzierung inländischer Konzernbeteiligungen, in: FR 17 (2003), S. 877 – 890

KRONIGER, Axel/THIES, Angelika (2002): Anwendung des check the box-Systems auf die KGaA als Joint Venture-Vehikel, in: IStR (2002), S. 397 – 405

LENZ, Martin/RAUTENSTRAUCH, Gabriele (2011): Der Richtlinienentwurf zur Gemeinsamen konsolidierten KSt-Bemessungsgrundlage (GKKB), in: DB 13 (2011), S. 726 – 731

LOOMER, Geoffrey T. (2009): Tax Treaty Abuse: Is Canada responding effectively?, Oxford University Centre for Business Taxation, WP 09/05, Oxford 2009

MCINTYRE, Robert S. et al. (2011): Corporate Taxpayers and Corporate Tax Dodgers, 2008-2010, A Joint Project of Citizens for Tax Justice & the Institute on Taxation and Economic Policy, November 2011, http://www.ctj.org/corporatetaxdodgers/CorporateTaxDodgersReport.pdf

MERTEN, Hans-Lothar (2013): STEUEROASEN Ausgabe 2014: Wandel in der Offshore-Welt, 1. Auflage, Regensburg 2013

MURPHY, Richard (2013): Over Here and Undertaxed: Multinationals, Tax Avoidance and You, o.O. 2013

OECD (2011): OECD-Verrechnungspreisleitlinien für multinationale Unternehmen und Steuerverwaltungen 2010, OECD Publishing 2011

OECD (2012): Model Tax Convention on Income and on Capital 2010, updated 2010, OECD Publishing 2012

OECD (2013a): Action Plan on Base Erosion and Profit Shifting, OECD Publishing 2013

OECD (2013b): Addressing Base Erosion and Profit Shifting, OECD Publishing 2013

OVERESCH, Michael/WAMSER, Georg (2006): German Inbound Investment, Corporate Tax Planning, and Thin-Capitalization Rules – A Difference-in-Differences Approach, ZEW Discussion Paper No. 06-075, Mannheim 2006

PACKMAN, Andrew (PwC) (2012): Tax transparency and country-by-country reporting, o.O. 2012

PERRIDON, Louis/STEINER, Manfred (1991): Finanzwirtschaft der Unternehmung, 6. Auflage, München 1991

PINKERNELL, Reimar (2012): Ein Musterfall zur internationalen Steuerminimierung durch US-Konzerne, in: StuW 4 (2012), S. 369 – 374

PÖLLATH, R./LOHBECK, A. (2008), in: Doppelbesteuerungsabkommen Kommentar, hrsg. v. K. VOGEL/M. LEHNER, 5. Auflage, München 2008

PWC (Hrsg.) (2013a): Evolution of Territorial Tax Systems in the OECD, Report on Territorial Tax Systems, Prepared for The Technology CEO Council, o.O. 2013

PWC (Hrsg.) (2013b): Obama signs legislation retroactively extending CFC look-through and the active financing exception to subpart F, A Washington National Tax Services Publication, o.O. 2013

RICHTER, Lutz/HONTHEIM, Stefanie (2013): Double Irish with a Dutch Sandwich: Pikante Steuergestaltung der US-Konzerne, in: DB 23 (2013), S. 1260 – 1265

SCHÄNZLE, Thomas (2000): Steuerorientierte Gestaltung internationaler Konzernstrukturen, Köln 2000

SCHEFFLER, Wolfram/KREBS, Claudia (2011): Richtlinienvorschlag zur CCCTB: Bestimmung der Steuerbemessungsgrundlage im Vergleich mit der Steuerbilanz nach EStG, in: DStR 22 (2011), S. 13 – 28

STARBUCKS COFFEE COMPANY (UK) LIMITED (2008): Directors' Report and Financial Statements, Registered Number: 2959325, 28. September 2008

STARBUCKS COFFEE COMPANY (UK) LIMITED (2009): Directors' Report and Financial Statements, Registered Number: 2959325, 27. September 2009

STARBUCKS COFFEE COMPANY (UK) LIMITED (2011): Directors' Report and Financial Statements, Registered Number: 2959325, 2. October 2011

STARBUCKS COFFEE COMPANY (UK) LIMITED (2012): Directors' Report and Financial Statements, Registered Number: 2959325, 30. September 2012

STARBUCKS COFFEE DEUTSCHLAND GMBH (2006): Jahresabschluss zum Geschäftsjahr vom 01.01.2006 bis zum 30.09.2006

STARBUCKS COFFEE DEUTSCHLAND GMBH (2007): Jahresabschluss zum Geschäftsjahr vom 01.10.2006 bis zum 30.09.2007

STARBUCKS COFFEE DEUTSCHLAND GMBH (2008): Jahresabschluss zum Geschäftsjahr vom 01.10.2007 bis zum 30.09.2008

STARBUCKS COFFEE DEUTSCHLAND GMBH (2009): Jahresabschluss zum Geschäftsjahr vom 01.10.2008 bis zum 30.09.2009

STARBUCKS COFFEE DEUTSCHLAND GMBH (2010): Jahresabschluss zum Geschäftsjahr vom 01.10.2009 bis zum 30.09.2010

STARBUCKS COFFEE DEUTSCHLAND GMBH (2011): Jahresabschluss zum Geschäftsjahr vom 01.10.2010 bis zum 30.09.2011

STARBUCKS COFFEE EMEA B.V. AMSTERDAM (2012): Annual Accounts for the Year ended September 30, 2012

STARBUCKS CORPORATION (2011a): Form 10-K, Financial Statements n.13, Fiscal 2011 Annual Report

STARBUCKS CORPORATION (2011b): Form 10-K, Financial Statements n.13, Fiscal 2011 Annual Report, SEC: Subsidiaries Of Starbucks Corporation, Exhibit 21

STARBUCKS CORPORATION (2012): Form 10-K, Financial Statements n.13, Fiscal 2012 Annual Report

STARBUCKS CORPORATION (2013): Quarterly Results For Fiscal Year 2013, Fourth Quarter Earnings Release

STEINGLASS, Matt (2013): Dutch deny Starbucks tax deal is secret, in: FT, 27 March 2013, http://www.ft.com/intl/cms/s/0/b72679f4-96ed-11e2-a77c-00144feabdc0.html#axzz2mm3SexYw

THE WHITE HOUSE (Department of the Treasury) (2012): The President's Framework for Business Tax Reform, Februar 2012, http://www.treasury.gov/resource-center/tax-policy/Documents/The-Presidents-Framework-for-Business-Tax-Reform-02-22-2012.pdf

UGAI, Brian (Starbucks Coffee Company) (2013): Letter to the House Ways and Means Committee International Working Group of the U.S. House of Representatives, http://waysandmeans.house.gov/uploadedfiles/starbucks_wg_comments.pdf, (Zugriff am 01.12.2013)

UK GOVERNMENT (2013): Prime Minister David Cameron's speech to the World Economic Forum in Davos, UK Presidency of G8 2013, 24 January 2013, https://www.gov.uk/government/speeches/prime-minister-david-camerons-speech-to-the-world-economic-forum-in-davos

VOGEL, K. (2008), in: Doppelbesteuerungsabkommen Kommentar, hrsg. v. K. VOGEL/M. LEHNER, 5. Auflage, München 2008

VON EINEM, Mauritz (2011): IP-Exodus – Erosion der Steuerbasis durch Verlagerung wertvoller immaterieller Wirtschaftsgüter ins Ausland, Max-Planck-Institut für Steuerrecht und Öffentliche Finanzen, http://www.mpg.de/1239042/Erosion_Steuerbasis, (Zugriff am 01.12.2013)

Rechtsquellenverzeichnis

Gesetze, Verordnungen und Richtlinien

Außensteuergesetz vom 8. September 1972 (BGBl. I S. 1713), das zuletzt durch Artikel 6 des Gesetzes vom 26. Juni 2013 (BGBl. I S. 1809) geändert worden ist

Einkommensteuergesetz in der Fassung der Bekanntmachung vom 8. Oktober 2009 (BGBl. I S. 3366, 3862), das zuletzt durch Artikel 1 des Gesetzes vom 15. Juli 2013 (BGBl. I S. 2397) geändert worden ist

From Title 26 – INTERNAL REVENUE CODE, Subtitle A – Income Taxes, CHAPTER 1 – NORMAL TAXES AND SURTAXES, Subchapter N – Tax Based on Income From Sources Within or Without the United States, PART III – INCOME FROM SOURCES WITHOUT THE UNITED STATES – Subpart F – Controlled Foreign Corporations, Section 951 – 965

Gewerbesteuergesetz in der Fassung der Bekanntmachung vom 15. Oktober 2002 (BGBl. I S. 4167), das zuletzt durch Artikel 4 des Gesetzes vom 26. Juni 2013 (BGBl. I S. 1809) geändert worden ist

Handelsgesetzbuch in der im Bundesgesetzblatt Teil III, Gliederungsnummer 4100-1, veröffentlichten bereinigten Fassung, das durch Artikel 1 des Gesetzes vom 4. Oktober 2013 (BGBl. I S. 3746) geändert worden ist

Körperschaftsteuergesetz in der Fassung der Bekanntmachung vom 15. Oktober 2002 (BGBl. I S. 4144), das zuletzt durch Artikel 3 des Gesetzes vom 26. Juni 2013 (BGBl. I S. 1809) geändert worden ist

Niederländisches Körperschaftsteuergesetz (Wet op de vennootschapsbelasting – Wet

Vpb) v. 08.10.1969, in der aktuell gültigen Fassung, Fundstelle: http://wetten.overheid.nl/BWBR0002672/geldigheidsdatum_01-12-2013

OECD-Musterabkommen 2010 zur Vermeidung der Doppelbesteuerung auf dem Gebiet der Steuern vom Einkommen und vom Vermögen (OECD-MA 2010), Stand: Juli 2010

Richtlinie des Rates über eine gemeinsame Steuerregelung für Zahlungen von Zinsen und Lizenzgebühren zwischen verbundenen Unternehmen verschiedener Mitgliedstaaten vom 3. Juni 2003, 2003/49/EG (ABl. 2003, L

157/49-54), zuletzt geändert durch 2004/66/EG vom 26. April 2004 (ABl. 2004, L 168/35)

Richtlinie des Rates über das gemeinsame Steuersystem der Mutter- und Tochtergesellschaften verschiedener Mitgliedstaaten vom 23. Juli 1990, 90/435/EWG (ABl. 1990, L 225/6-9), zuletzt geändert durch 2003/123/EG vom 22. Dezember 2003 (ABl. 2004, L 7/41-44)

Verordnung zur Anwendung des Fremdvergleichsgrundsatzes nach § 1 Abs. 1 des Außensteuergesetzes in Fällen grenzüberschreitender Funktionsverlagerungen (Funktionsverlagerungsverordnung – FVerlV), BR-Drs. 352/08 v. 23. Mai 2008

Urteile

	Aktenzeichen	amtl. Quelle
EuGH, Urteil v. 12.09.2006	C – 196/04	EuGHE I 2006, 7995
BFH, Urteil v. 20.03.2002	I – R – 38/00	BStBl 2002 II S. 819